디어 제인 오스틴 : 젊은 소설가의 초상

DEAR JANE AUSTEN

디어 제인 오스틴 : 젊은 소설가의 초상

김선형 에세이

엘리

사랑을 당연시하지 않는 사람들에게 바친다

차례

젊은 소설가의 초상 9

1796년, 결혼을 닫고 소설을 열다 20

소설의 역사를 바꾼 자유간접화법의 발명 27

여행을 사랑한 제인의 노트북 37

Sense와 Sensibility에 숨겨진 이야기 43

세계대전의 포화 속 제인 오스틴 51

두 번째 기회를 허락하는 마음 59

초턴 마을의 큰 집과 작은 집 67

돈의 힘과 인간의 품격 73

'공기'의 말을 꿰뚫어 보는 연습 82

운명을 스스로 개척한 여자들 91

연극 마니아 제인과 오스틴 마니아 99

봄날의 숲과 정원에 뜨는 해 110

여성 독자의 자중심(自重心)과 어느 특별한 문학적 계보 118

독자를 이끄는 경쾌한 리듬 128

다가섰다 물러서고 또다시 나아가는 138

미래의 씨앗을 포착한 작가들: 오스틴과 바이런, 그리고 또 147

『오만과 편견』에 새겨진 메리 울스턴크래프트 154

너드 로맨스의 창시자 166

텍스트의 환영을 쫓는 순례자들 177

증조할머니의 위대한 유산 184

아! 진짜 헨리 오빠 같다 190

제인과 비타와 버지니아가 꿈꾼 장원 196

고드머셤 파크의 이방인들 205

문학 번역의 디테일에 관하여: 세 개의 장면 212

로맨틱 코미디와 밴터: 그가 사랑에 빠지는 순간 226

책이 남자에 관해 말해주는 것들 238

작가의 집과 글쓰기의 시공간 246

어떤 외로움의 창생 251

사랑하는 일: 숙독과 반추 265

에필로그: 읽기와 쓰기 사이, 공연 예술로서의 번역 277

참고 문헌 289

디어 제인 오스틴 에디션을 펴내며 296

일러두기
1. 영어 원서 인용문은 저자가 직접 번역했으며, 한국어판을 이용한 경우 해당 도서의 서지 사항을 밝혔다.
2. 제인 오스틴의 작품과 셰익스피어 등의 희곡을 인용할 경우 해당 부분을 쪽수 대신 부, 막, 장으로 밝혔다.
3. 단행본은 『 』로, 논문, 시 등은 「 」로, 잡지 및 예술 작품 등은 〈 〉로 표기했다.

젊은 소설가의 초상

첫 글에 무엇을 담을까 오래 생각하다 제인의 얼굴을 담기로 했습니다. 혹시 마음속으로 제인 오스틴의 얼굴을 그려본 적이 있나요? 이렇게 불쑥 뜬금없는 질문을 드리는 이유는, 제인 오스틴의 '톤'을 꼭 한번 제 문장으로 포착하고 싶었기 때문입니다. 톤을 포착하려면 얼굴을 상상해야 합니다. 한강 작가는 "소설 번역에서는 톤, 목소리를 담는 것"이 가장 중요하다고 말했는데요. 톤을 제대로 담아내지 못한다면 낱말과 문장의 차원에서 아무리 '정확'한 번역을 한다 해도 결코 '적확'할 수 없기 때문입니다. 번역가의 일에서 톤을 포착하는 작업만큼은 AI를 포함해 그 누구도 대신해줄 수 없답니다. 원전 텍스트가 동일하게 주어져도 번역가마다 전혀 다른 해법을 찾아내기 마련이니, 번역본의 톤은 천차만별일 수밖에 없어요.

 톤을 찾는다고 하면 거창하게 들리지만, 사실은 이건 누구나 문학을 읽을 때 항상 하고 있는 일입니다. 책을 읽으면 까만 활자들이 마음속에서 이야기꾼의 목소리로 변하잖아요. 우리는 늘 텍스트에서 타자의 '목소리'를 마음속의 오디오북처럼 듣게 됩니다. 그다음에, 그 말들이 시각을 자극해 풍경과 사람을 보게 하고, 청각을 자극해 바람과 울음의 소리를 듣게 하고, 통각을 자극해 가슴이 미어지게 합니다. 그런데 그 목소리의 느낌은 각자의 삶, 축적된 기억, 그 순간의 분위기, 취향, 기분, 날씨, 감정 상태에 따라 시시각각 다르게 출렁입니다. 생각해보세요, 지금 읽고 있는 문장의 목소리는 어떤가요? 따뜻한가요? 짓궂은가요? 냉소적인가요? 사무적인가요? 현학적인가요? 다정한가요? 잔인한가요? 소탈한가요? 문학이라면 글이 단단히 정해주는 큰 틀 안에서 읽는 사람에 따라, 또 같은 사람이라도 언제 읽느냐에 따라서 대답이 물결치지요. 번역가는 원본 텍스트가 정해준 큰 틀의 목소리 안에서 모어로 작동할 수 있는 또 다른 큰 틀의 목소리를 제일 먼저 구상하고 결정해야 합니다.

 바로 여기에, 새 번역의 필요성이 항시 걸려 있습니다. 텍스트는 그대로여도 언어의 지형이나 번역하는 사람이 바뀌거나 시대와 배경이 달라지면 그 '톤'은 무한대로 달라질 수 있다는 것이지요. 그러니 고전의 번역본은 클래식 음악 연주처럼 다양하면 다양할수록 좋습니다. 복수의 판본이 하나의 절대 왕좌를 놓고 경쟁하는 게 아니라 서로 대화하고 겹치면서 독자의 독서 경험을 점점 더 풍부하게 쌓아나가야 합니다. 그러면 고갈되지 않는 원본의 뉘앙스들을 끊임없이 발견해 고전을 동시대적으로 되살려낼 길이 열리겠지요. 『문학과 음악이 이야기한다』에서 오에 겐자부로는 클래식 음악이 사라지지 않는 이유를 동시대성에서 찾았지요. "바흐는 오늘날의 연주자를 통해 오늘날을 살고 있다"라고요. 그리고 "문학에서 고전의 경우도 마찬가지"로 "숙련된 독자는 훌륭한 연주자를 마음속에 지닌 것과 같다"라고 덧붙였어요. 고전문학 또한 새로운 매체, 새로운 번역가, 새로운 언어를 만나 끝없이 오늘날을 살고 있습니다.

이렇게 보면 정확하고 훌륭한 여러 번역본이 이미 존재한다는 사실은, 새로 작업하는 번역가에게 오히려 큰 힘이 될 수 있습니다. 이 번역본들은 각기 다른 목적을 수행할 수 있습니다. 이를테면 18세기에 나온 문학 정전을 구성하는 번역본이라면 그 시대의 고풍스러운 언어, 시대적·사회적·문화적 거리감, 또는 작가의 권위를 중시하는 서술의 문체에 비중을 두어 재현할 수도 있습니다. 고전의 위상은 오랜 시간을 거침으로써, 즉 시대적·문화적 거리를 확보함으로써 획득된 것인 만큼, 그 거리를 확보하고 의식하고 재현하는 번역도 필요하고요.

하나 모든 고전은, 그중에서도 특히 제인 오스틴의 소설은 검증된 문학성을 중시하고 우러르는 정석적 접근만으로는 포착할 수 없는, 아주 매혹적인 또 다른 얼굴을 지니고 있습니다. 바로 좋은 책을 읽는 순수한 재미입니다. 무수한 작가와 영문학자를 매혹했을 뿐 아니라 현대의 일반 독자들, 심지어 대중소설의 장르 팬덤까지 열렬하게 매료시킨, 엄청난 스토리텔링의 동시대성이 작품 안에 있죠. 지금은 폐기된 언어의 용례들, 같은 단어라도 조금 다르게 쓰인 어법, 그 시대 특유의 문장구조 등 조금 낯설게 읽히는 표현들의 장벽을 훌쩍 넘어, 목소리만 들어도 눈앞에 그 인물들이 입체영상으로 그려지는 듯한 대화의 생동감도 빼놓을 수 없습니다. 때문에 제인 오스틴은 지금까지도 끝없이 대중문화의 여러 장르에서 다채롭게 변주되며, 그런 점에서 감히 윌리엄 셰익스피어에 견줄 수 있는 유일무이한 작가이기도 하지요. 이 두 사람만이 영어권 독자들에게 '윌'과 '제인'이라는 애정 어린 별칭으로 불린답니다.

월과 제인의 공통점은 아주 많지만, 무엇보다 동시대에 문학적 권위를 꿈꾸지 않았다는 점도 중요하다고 생각합니다. 그들은 이른바 예술인의 부담감을 어깨에 짊어진 적이 없어요. 대중의 마음을 사로잡아 돈을 벌고자 했던, 천생의 이야기꾼들이었지요. 또한 두 사람 다 막 창생하고 있던 서사 장르를 개척해 없던 길을 반들반들 닦아놓은 트레일블레이저(trailblazer, 선구자)들이었습니다. 그리고 아마도 이 때문에 여전히, 그 어떤 고전문학 작가들보다 '동시대적'으로 남아 있다고 생각해요.

저는 이 경이로운 동시대성, 깜짝 놀랄 만큼 현대적인 소설 기법, 인간과 사회에 대한 독창적인 혜안, 무엇보다 독자를 책장으로 빨아들이는 이야기의 힘, 사랑하지 않을 수 없는 인물들—제인 오스틴을 읽는 순수한 재미를 번역으로 구현하고 싶었습니다. 무엇보다도, 제인 오스틴의 '톤'에 존재하는 리듬감, 그 리듬감이 끌고 나가는 이야기의 속도감, 그 속도감이 형성하는 서사적 흡인력을 최대한 재현하고 싶었습니다. 독자로서 작가 제인 오스틴을 사랑할 이유를 알려주고 사랑스러운 그 얼굴을 그려주고 싶었습니다.

『이성과 감성』, 『오만과 편견』은 뭐니 뭐니 해도 젊은 소설가의 젊은 소설입니다. 두 작품은 1795~1796년 거의 동시에 집필을 시작했다고 알려져 있는데 이때 제인 오스틴의 나이는 막 스물하나에 접어들고 있었어요. 당시 소설은 Novel, 즉 '새로운' 엔티테인먼트 장르였습니다. 주로 여자 독자들이 소비하는 하위 장르, 어찌 보면 지금의 웹 소설과 비교될 수 있는 위상이었지요. 소설의 문체가 어떠해야 하는지 정립되어 있는 틀도 없었고요. 말하자면 소설이라는 문학의 양식도 젊고 작가도 젊었습니다. 무한한 가능성이 열려 있었지만, 그 말은 아직 없는 길을 찾아내야 한다는 뜻이기도 했지요.

당시 여러 소설가가 여러 다른 선택을 했지만—이를테면 앤 래드클리프는 고딕 호러를 쓰고 메리 셸리는 판타지를 선택했듯이요—제인 오스틴은 이 소설이라는 장르를 통해 눈앞에 있는 일상 속 진짜 사람들을 치열하게 들여다보기로 마음먹었습니다. 프랑스어에서 지금도 세상(le monde)이 곧 세상 사람(le monde)이듯 18세기 말의 영국에서도 세상(the world)은 곧 사교계와 사람들이었거든요. 초기 소설의 서술부에서 제인 오스틴은 소위 '문학적'인 묘사를 전혀 하지 않습니다. 또한 어떤 비유도 상징도 장황한 수사도 쓰지 않고 있어요. 오로지 사람들의 행동과 심리만을 바라봅니다. 구체적인 사실들만 쌓아 올려 사람들의 행동과 심리를 추측하고 판단하고 설명하며 흡사 주말 연속극처럼 쭉쭉 이야기를 진행시키는 데 매진합니다.

그래서 제인 오스틴의 소설은, 뭐니 뭐니 해도, 타인에 대한 인간의 근본적 흥미를 토대로 궁금증을 유발하는, 기본적으로 강력한 페이지터너입니다. 사회 속의 사람들, 그 사람들의 연애와 결혼을 관찰하고 분석하는 데 철저히 매달리니, 어쩌면 고도로 세련된 뒷이야기, 즉 가십과 크게 다르지도 않아요. 정체를 숨기고 타인의 연애담을 기록하고 퍼뜨리는 드라마 〈가십걸〉이나 〈브리저튼〉의 화자들도 제인 오스틴의 후예라 할 수 있고요. 저는 왠지, 캐릭터들의 운명을 두 손으로 실뜨기하듯 자유자재로 펼쳐 보이며 독자를 사정없이 끌어당기는 이 서술의 문체가 주변 사람들을 날카로운 눈으로 관찰하고 매섭게 비웃곤 하던 제인 오스틴의 편지글 문장들과도 곧장 이어진다고 느껴요. 서술자인 제인 오스틴을 막후에 숨은 또 다른 캐릭터처럼 감각하게 되어요. 『이성과 감성』 초반부의 한 대목을 읽어보세요. 혹시 한쪽 입꼬리를 올리고 짓궂은 눈빛을 반짝거리는 제인의 얼굴이 떠오르실까요.

노신사는 세상을 떠납니다. 그런데 유언장이 공개되자, 유언장이라는 것이 대체로 그렇듯 기쁨만큼이나 크나큰 낙심을 안겼답니다. 물론 조카로부터 영지를 빼앗을 정도로 노신사가 부당하거나 배은망덕했던 건 아니에요—다만 영지의 상속에 따르는 여러 조건들이 있었고, 그 때문에 상속분의 가치가 절반은 뚝 잘려 나갔을 따름이에요. 헨리 대시우드 씨는 본인이나 아들보다도 아내와 딸들을 위해서 영지를 물려받기를 바랐었거든요—하지만 영지는 그의 아들과, 지금 네 살인 그 아들의 아들 몫이라고 명시되어 있었습니다. 그래서 가장 사랑하는 사람들, 생계 수단이 절실하게 필요한 가족들에게 그는 아무것도 해줄 수가 없었어요. 영지를 분할해 나눠 줄 수도 없고, 귀한 숲을 처분할 수도 없었지요. 영지 전체가 통째로, 부모와 함께 놀랜드에 간혹 놀러 올 때마다 귀염을 떨어 할아버지의 사랑을 독차지한 어린아이의 몫으로 단단히 묶여 있었거든요. 두세 살짜리치고는 별로 대단치도 않은 매력, 말하자면 혀 짧은 소리 내기, 제 맘대로 하겠다고 생떼 쓰기, 온갖 교활한 잔꾀 부리기, 엄청나게 시끄럽게 울어대기 등등의 애교가, 수년에 걸쳐 질부와 조카손녀들이 바친 세심한 보살핌과 배려의 가치를 훌쩍 상회해버린 거예요. 하지만 노신사도 매정하게 굴기는 싫었는지, 세 조카손녀들에 대한 애정의 표시로 인당 천 파운드씩을 남기긴 했답니다.

—『이성과 감성』, 1부 1장.

작가의 얼굴을 어떻게 상상하느냐에 따라, 번역된 텍스트의 톤&매너는 영 딴판이 될 수 있어요. 제가 이 사실을 퍼뜩 깨닫게 된 건, 2012년에 공개되어 뜨거운 논란을 일으킨 이른바 '라이스 초상화' 덕분이었습니다. 라이스 초상화의 공개는 우리가 제인 오스틴을 시각적으로 상상하는 방식에 변화를 가져다준 사건입니다. 어쩌면 제인일지 모를 젊은 여자를 그린 이 초상화는 까탈스럽고 고루한 중년 독신 여성으로 굳어져 있던 제인 오스틴의 이미지를 충격적으로 깨뜨렸습니다. 그 그림은 헨리 라이스라는 노인이 가문에서 오래 간직한 보물이라면서, 갑자기 경매에 내놓은 것이었는데요. 헨리 라이스는 부유한 나이트 가문에 입양된 제인 오스틴의 셋째 오빠 에드워드 오스틴 나이트의 후손이었습니다. 그는 이 그림이 저택의 벽난로 위에 항상 걸려 있었고, 문중 어른들은 모두 이 초상화의 주인공이 제인 오스틴이라고 믿었다고 주장했습니다.

라이스 초상화가 공개되기 전까지 제인 오스틴의 공인된 초상은, 언니 커샌드라가 제인의 말년에 그린 병색이 완연하고 활기 없는 표정의 스케치가 전부였습니다. 때문에 라이스가 선보인 초상화 속 소녀의 총기 가득한 눈, 동그랗고 탐스러운 얼굴, 위트와 재기로 빛나는 자세, 그 사랑스러운 기품이 제인 오스틴을 사랑하는 대중의 상상력에 불을 댕겼지요. 비록 영국국립초상화박물관에서 구매를 거절하면서 초상화의 진실은 미궁으로 빠졌지만, 아직도 무수한 이들이 여전히 이 초상을 젊은 제인이라 믿고 있습니다. 그 진위를 떠나서, 독자들이 가장 사랑했던 소설인 『이성과 감성』과 『오만과 편견』을 쓰기 시작했던 당시의, 젊다 못해 어린 작가의 얼굴을 우리 눈앞에 되살려내는 힘이 있기 때문입니다. 이 초상화를 유일하게 공인된 제인의 초상인 커샌드라의 스케치와 비교해보면, 우리가 작가의 얼굴을 어떻게 상상하는가가 문장의 번역에 어떻게 간여하는지를 누구나 느낄 수 있을 거예요.

저는 읽으면 읽을수록 『이성과 감성』, 『오만과 편견』을 쓴 젊은 작가는 『설득』을 쓴 원숙한 작가와 여러모로 전혀 다르다는 느낌을 받게 됩니다. 실제로 1795년에서 『설득』을 완성한 1816년까지, 유럽 혁명기의 이십 년 세월은 천지가 개벽하기에 충분한 시간이었고요. 소설이라는 형식도 제인과 함께 성숙해 새뮤얼 리처드슨과 헨리 필딩보다는 브론테 자매와 찰스 디킨스에게로 다가갔지요. 라이스 초상화가 열어준 상상의 여지, 젊은 제인의 얼굴을 총천연색으로 다채롭게 상상할 가능성은, 제가 이 초기작 두 작품의 '톤'을 설정하는 데 결정적인 역할을 해주었어요. 이 그림들을 보면 제인이 처음부터 소위 묵직하고 예스러운 '고전'의 작가가 아니었음을 감각적으로 느끼게 됩니다. 여느 십 대와 다름없이 까르르 웃고 수다 떨며 꿈을 꾸었을 일상을 더 쉽게 떠올리게 돼요. 우리만큼 입체적이고, 우리만큼 평범하고, 우리만큼 피와 살이 따뜻한, '사람'으로 그를 상상하기가 훨씬 더 쉬워집니다.

그러니 동시대 청년으로서 제인 오스틴을 상상하기, 바로 이 지점에서부터 출발해보면 어떨까요?

1796년, 결혼을 닫고 소설을 열다

가족들을 웃기기 위해 장난스러운 조각글을 끼적이던 제인 오스틴은 소설가가 되었습니다. 스무 살을 갓 넘긴 그는 『이성과 감성』과 『오만과 편견』을 연달아 쓰기 시작했고 삼 년에 걸쳐 『노생거 애비』까지 무려 장편소설 세 권의 초고를 완성합니다. 1796년은 제인 오스틴이 자기가 생의 굴레에 옴짝달싹 못 하게 갇혀버렸음을 처음 깨달은 해, 인생이 뜻대로 흘러가지 않을 것임을 불길하게 예감한 해, 참담한 상실을 딛고도 삶은 지속된다는 걸 알아버린 해, 그만 어른이 되어버린 해였습니다.

제인 오스틴의 어린 시절은 행복했어요. 작은 교구 목사였던 아버지는 부업으로 공부방 겸 기숙학교를 운영해서 집 안은 대가족과 학생들로 늘 붐볐고 서재는 철학과 문학, 종교학 서적들로 가득했거든요. 어린 제인은 아침이면 시끄럽게 피아노를 치고 하루 온종일 서재에 처박혀 책을 읽다가 저녁에는 직접 쓴 웃기고 아이러니한 이야기들을 눈을 빛내며 기다리는 가족에게 읽어주었습니다. 열한 살 무렵부터 영국사를 통째로 냉소하는 당돌한 글들을 써냈지만, 아무도 어린 제인이 책을 읽고 글을 쓰는 걸 타박하거나 말리지 않았습니다. 오히려 아버지는 글쓰기용 탁상을 사주고 귀하고 값비싼 종이를 제본해 "장래의 작가"에게 선물해주었고 오빠들과 언니는 제인이 쓰는 글을 늘 탄복하며 열심히 읽어주었지요. 뛰어나게 재기 발랄한 형제자매는 함께 대본도 쓰고 연기와 연출도 겸해 가족극을 선보이곤 했는데, 스티븐턴의 사교계에서 꽤 인기를 끌었다고 합니다. 말하자면 어린 제인은 자연스럽게 작가로 교육받으며 성장했던 것이지요.

하나 스티븐턴의 자유로운 목사관 바깥세상은 사정이 달랐습니다. 18세기 말 영국 사회에서 여자는 집안 살림을 하고 남자에게 위로와 즐거움을 선사하는 장식품에 불과했으니까요. 재산권도 없고 직업을 가질 수도 없고 전적으로 남자에게 생계를 의지해야 하는, 꽃처럼 무력하고 아름다운 존재였어요. 아무리 똑똑하고 글을 잘 써도, 여자는 대학에 진학하거나 전문직에 종사하거나 사업을 해서 돈을 벌 수 없었습니다. 해군에 입대해 먼바다에서 자기 운명을 개척할 수도 없었습니다. '결혼 적령기'에 적당한 남자를 만나 결혼을 하지 못한다면, 영원히 타인의 적선에 기대어 삶을 영위해야 하는 초라한 운명이 기다리고 있었습니다. 성년이 된 여자아이는 결국 조건이 좋은 남자를 유혹해 결혼하는 일에 앞으로 살아가야 할 기나긴 나날이 통째로 걸려 있다는, 잔인한 현실을 깨닫게 됩니다. 하지만 제인 오스틴은 자신이 『오만과 편견』의 샬럿 루커스처럼 애정 없는 결혼을 선택할 수 있는 사람이 아니라는 것 또한 잘 알고 있었습니다.

유년기가 끝나갈 무렵, 매몰찬 바깥세상의 외풍이 한꺼번에 불어닥칩니다. 남자 형제들은 대학에 진학하거나 해군에 입대해서 저 넓은 바깥세상으로 떠나버립니다. 나이 든 아버지가 학교 일을 그만두면서 집 안은 휑뎅그렁 비어버렸습니다. 영지도 없고 수입도 적은 교구 목사의 똘똘한 딸은 결혼 시장에서 별 값어치가 없었습니다. 1795년 언니 커샌드라가 큰오빠의 친구이자 아버지의 제자로 이미 가족이나 다름없던 토머스 파울과 약혼하자 제인의 마음도 다급해졌던 모양입니다. 형제자매가 아무도 없는 집에 노쇠한 부모와 혼자 남겨질지 모른다는 공포가 임박한 현실이 되었으니까요. 이 무렵 스티븐턴 사교계에서 제인은 "남편감 잡으러 날아다니는 나비 중에 제일 예쁘고 제일 철없다"는 독설을 들을 정도로 플러팅에 열심이었다고 합니다. 아버지가 플러팅을 좀 살살하라고 말릴 정도였다니까요. 우스꽝스러우리만큼 필사적인 그 노력에서 불안과 공황을 읽어내기란 그리 어렵지 않습니다.

1796년에서 1797년을 기점으로, 제인 오스틴은 결혼하려는 노력을 내려놓습니다. 영화 〈비커밍 제인〉으로 널리 알려지게 된 톰 르프로이와의 혼사도 물거품으로 돌아가고, 젊은 남자가 몇 명 되지도 않는 좁은 시골 사교계에서 남편감을 찾을 확률도 현저히 줄어듭니다. 결정적으로, 언니 커샌드라가 진심으로 사랑했던 토머스 파울이 결혼 자금을 마련하러 서인도제도로 떠났다가 병에 걸려 그만 세상을 떠나버립니다. 1797년 일생의 연인을 잃은 커샌드라가 비혼을 결심하자 제인도 결혼을 단념합니다. 세상에서 가장 사랑하는 언니 곁에 머물고 싶어서였을까요, 아니면 언니가 있으니 혼자가 아니라서 괜찮다고 생각했을까요. 어쩌면 제인은 결혼하지 않고 언니와 살 수 있다는 가능성에, 마음 깊은 곳에서 조금은 안심했을지도 모릅니다.

이 인생의 기점에서 제인은 소설을 쓰기 시작합니다.

소설가 제인 오스틴에게는 롤 모델이 없었습니다. 소설은 이동도서관의 등장과 문맹률의 하락에 힘입어 새롭게 떠오르는 중산층의 장르였고 진지한 문학이라기보다는 시간을 때우는 대중오락에 가까웠습니다. 산문으로 쓴 재미있는 이야기이기만 하면 되었고, 이렇다 할 형태도 규칙도 없었습니다. 점잖은 신분의 여자가 글을 팔아 돈을 번다는 건 오히려 수치로 여겨졌습니다. 주변에 작가들도 없었고, 메리 울스턴크래프트와 메리 셸리처럼 낭만주의자들과 어울려 드높은 혁명의 이상에 동참할 환경도 아니었습니다. 언젠가 원고를 출판해 돈을 벌면 좋겠다고 당연히 생각했겠지만, 막상 기회가 오자 익명으로 출간했으니 필명을 떨칠 목적도 아니었지요.

소설을 통해 제인 오스틴은 그저 이 현실의 부자유와 제약을 뚫고 날아오를 길, 어떤 납득할 수 있는 해피엔드의 가능성을 꿈꾸었습니다. 자기가 살지 못할 삶, 하지만 살고 싶은 삶을 손에 잡힐 듯 생생하게 꿈꾸었어요. 전기 작인 『이성과 감성』, 『오만과 편견』, 『노생거 애비』에서 작가와 주인공의 경계는 유독 흐리고 불투명합니다. "방금 언니한테 편지로 어찌나 호되게 야단을 맞았는지, 르프로이 씨와 내가 그래도 착하게 굴었다는 얘기를 쓰기가 무섭네!"라고 말했던 젊은 제인에게서 『이성과 감성』의 위태롭게 발랄한 메리앤을 찾기는 어렵지 않습니다. 『오만과 편견』의 당돌하고 짓궂은 엘리자베스 베넷은 또 어떻고요. 분명 그들은 제인이 살아보지 못한 삶을 대신 살아내는 분신입니다.

비혼을 선택하고 소설가가 된 제인은 지칠 줄 모르고 상상했습니다. 정말로 결혼을 해야 한다면 어떤 남자와 어떤 방식으로 어떤 결혼을 해야만 인간의 품격을 지킬 수 있을까. 결혼하고 나서는 어떤 태도로 어떤 삶의 목표를 지니고 살아가야 할까. 소소한 일상의 결에 흔히 은폐되는 개인적 폭력과 사회적 부조리를 매섭게 포착하고, 우아하고 기품 있게 맞설 방도를 진지하게 모색했지요. 마침내 제인 오스틴은 더 나은 세상을 꿈꾸는 동지의 연대라는, 전례 없는 결혼의 이상을 상상해내고야 맙니다. 현실보다 더 현실 같은 허구의 인물과 세계를 창조하고 어떤 판타지보다 완벽한 해피엔드에 다다르는 쾌거를 이루어낸 것이지요. 그 이전에도 그 이후에도, 사랑과 결혼을 통해 지적인 여자가 지속 가능한 행복을 쟁취하는 결말을 제인 오스틴만큼 설득력 있게 상상한 작가는 아무도 없고, 이 서사적 원형의 힘은 지금까지도 건재합니다.

오스틴의 주인공들이 도달하는 이 마땅한 결말, 모자람 없는 시적 정의의 짙은 여운은, 환상도 절망도 없이 현실을 바라보며 대안을 꿈꾼 청년 오스틴의 절실한 마음을 헤아림으로써 비로소 완성됩니다. 스티븐 그린블랫은 『두 번째 기회』에서 문학의 힘은 살아보지 못한 인생의 가능성을 그리는 절실한 바람에 깃들어 있다고 주장했습니다. 이를테면 호메로스의 아킬레우스에게는 두 가지 선택지가 주어집니다. 그는 고향에 머물며 길고 조용하고 아무 일도 없는 삶을 살 수도 있었고 트로이로 가서 젊은 나이에 산화하는 대가로 불멸의 명성을 얻을 수도 있었습니다. 아킬레우스가 트로이전쟁에 출정하지 않았다면 어땠을까요? 아킬레우스가 선택하지 않은 평범한 삶은 『오뒷세이아』에서 다시금 존재감을 드러냅니다. 저승에서 오뒷세우스를 만난 아킬레우스가 스스로 미천한 노예로 살지라도 지상의 삶이 낫다고 서글프게 고백하기 때문입니다. 미학적으로 완벽하게 산화한 불멸의 영웅이 살아보지 못한 평범하고 무탈한 삶의 가치가 서사 속에서 인정받는 순간, 비로소 비극은 찬란한 정점에 오릅니다.

제인 오스틴의 경우에도 '살아보지 못한 삶'의 존재감이 작품에 강렬히 배어들어 있습니다. 그가 쓴 행복한 결말의 작품을 읽는 건 그와 그가 살았던 시대의 여자들에게 끝내 주어지지 않은 다른 삶을 날카롭게 의식하는 일입니다. 해피엔드가 내포하는 다른 가능성들, 박탈당한 기회, 부자유한 처지, 닿지 못한 인연, 잃어버린 사랑, 깊디깊은 상실감을 숨막히게 헤아리는 일입니다.

소설의 역사를 바꾼 자유간접화법의 발명

제인 오스틴에 대해 상대적으로 덜 알려진 이야기 중 하나는 그가 문체의 혁신가라는 사실입니다. 제인 오스틴이 창안하고 발전시켜 버지니아 울프가 예술적으로 완성한 자유간접화법(free indirect discourse)은 소설의 역사를 바꾼 문학적 발명입니다. 이 위대한 혁신의 맥락과 효과를 설명하기 전에, 먼저 우리 시대의 소설에 새겨져 있는 그의 족적을 살펴볼게요.

일은 일일 뿐이야, 그가 나를 달래려고 했다.

당신이 내 돈을 다 갖는단 말이지, 내가 죽은 것도 아닌데. 농담처럼 말했지만, 막상 내뱉고 보니 소름이 끼쳤다.

쉿, 루크가 말했다. 여태 마루에 무릎을 꿇은 채였다. 내가 언제까지나 당신을 돌봐줄 텐데 뭘.

 난 생각했다, 벌써 이이가 날 봐주는 척하고 있어. 그러고는 또 생각했다. 나 벌써 피해망상에 시달리고 있구나.

 ─마거릿 애트우드, 『시녀 이야기』(김선형 옮김, 황금가지, 2018), 308쪽.

20세기 후반 가상의 국가 길리어드(라고는 하지만 누가 봐도 미국인 나라)가 배경인 장편소설 『시녀 이야기』에는 쿠데타로 들어선 신정 독재 정권이 나라의 모든 여자로부터 재산을 몰수해 친인척 남자 명의로 강제 전환시키는 이야기가 나옵니다. 이 소설의 주인공이자 서술자인 오브프레드 역시 독자적인 경제주체였다가 하루아침에 타인의 선의에 생계를 의탁하는 신세로 전락하는데, 위의 인용문을 보면 인물들의 심리적 변화가 매우 서늘하게 드러납니다. 오브프레드 입장에서, 남편과의 관계는 권력의 재배치가 이루어지자마자 감정적으로 왜곡됩니다. 남편을 향한 순수한 사랑의 감정은 그의 온정에 기대거나 그에게 굴종해야만 하는 상황이 오자 삽시간에 혼탁해집니다. 작가는 남편 루크가 이 변화를 은근히 즐기고 있다는 행간의 암시─'나'의 피해망상─도 빼놓지 않으며 소름 끼치게 냉정한 현실 인식을 그려냅니다.

소설은 길지 않은 장면 속에서 이런 감정적 효과를 모두 거둡니다. 이것이 가능한 것은, 루크의 발언과 심리가 '나'의 기억 속에서 주관적으로 재구성되면서 '나'의 감정으로 물 흐르듯 통합된 덕분입니다. 이런 효과를 불러일으키는 장치가 바로, 따옴표를 쓰지 않고 대화를 서술에 통합시키는 간접화법(indirect discourse)입니다. 영어의 통어법을 활용한 간접화법은 개인의 내밀한 사유와 인물 간 대화의 경계를 흐리고, 독자로 하여금 '나'라는 서술자의 입장에서 현실을 체험하도록 이끕니다. 캐릭터와 거리를 유지하며 '관조'하는 전지적 시점 서술과 달리, 간접화법은 독자의 '동일시'를 감각적으로 유도하는 데 특화된 서술법입니다.

마거릿 애트우드가 창조한 이 아득한 디스토피아의 가상현실은 역사적으로 전례가 있습니다. 바로 제인 오스틴이 살았던 18세기 말 영국 사회입니다. 그때 그곳의 여성들에게는 애트우드의 가상현실이 '자연스러운/당연한' 현실이었습니다. 그 사회에서 딸은 토지와 주택을 상속받을 수 없었습니다. 장자만이 상속받을 수 있고 심지어 아들이 없을 경우 가장 가까운 남자 친척이 상속권을 물려받는 '부동산 한정 상속법(entailment)'이 존재했거든요. 이 장자상속의 원칙(primogeniture) 때문에 딸은 물론 차남도 경제적으로 자립하는 일이 어려웠는데요, 그래도 남자는 직업 활동을 통해 돈을 벌 수 있었습니다. 하지만 현금 융통이 뜸한 영주의 결혼하지 않은 딸들은 아버지가 세상을 떠나고 나면 아버지의 영지를 통째로 물려받는 형제나 남자 친척의 친절과 양심에 자신의 운명을 온전히 맡겨야 했습니다. 하지만 물론 큰 재산을 물려받은 형제라면, 사촌이라면, 사람인 이상 당연히 가족을 따뜻하게 돌보아주겠지요? 오브프레드에게 루크가 말했잖아요. 내가 언제까지나 당신을 돌봐줄 텐데, 뭘.

이 질문에 대한 '화답'으로 나온 것이 1811년 "한 숙녀가(by a lady)" 익명으로 출간한 소설이었습니다. '이성과 감성'이라는 제목의 이 당돌한 소설은 한정 상속법이라는 제도에 깔린 안일한 온정주의 또는 도덕적 안일함을 정면으로 겨냥했거든요. 도입부부터 직접적입니다. 가족의 보호막이 되어주었던 아버지가 세상을 뜨자 아내와 딸들은 무산자 신세로 전락할 위기에 처하지요. 아버지는 (딸들과 어머니가 다른) 큰아들에게 전 재산을 물려줄 수밖에 없기에, 임종의 순간 아들을 불러놓고 남은 가족을 애원하다시피 부탁합니다. 이 간곡한 유언의 향방이 결정되는 과정을 묘사하는 데에 이 소설의 1부 2장 전체가 할애되고 있는데, 여기서 (전지적 작가 시점의 서술법도, 직접화법이나

간접화법도 아닌) 전례 없이 유동적인 서술법 하나가 소설의 역사에 힘차게 등장합니다.

한편 존 대시우드 부인은 남편이 동생들에게 베풀고자 하는 친절을 전혀 탐탁하게 생각하지 않았어요. <u>소중한 아들 몫에서 삼천 파운드나 빼내버린다면 아이가 얼마나 끔찍할 정도로 궁핍해지겠어요.</u> 부인은 남편에게 제발 다시 생각해보라고 졸랐습니다. 친자식, 그것도 외동아들에게서 그런 거액을 빼앗고는 나중에 어떻게 책임질 생각이냐고요. 대시우드 자매들이 그 재산을 누릴 권리가 대체 어디 있느냐고요. 겨우 이복동생들일 뿐인데, 그건 부인의 기준에서는 친척도 아닌데 어떻게 그런 거액을 너그럽게 베풀 수가 있느냐고요. 잘 알려진 바대로, 엄마가 다른 아이들끼리는 아무 정도 없는 사이가 아니냐고요. 그런데 이복동생들한테 돈을 다 줘버리고 자기 신세도, 우리 불쌍한 아가 해리의 신세도 망치려 하는 거냐고요.
—『이성과 감성』, 1부 2장.

밑줄로 강조한 "소중한 아들 몫에서 삼천 파운드나 빼내버린다면 아이가 얼마나 끔찍할 정도로 궁핍해지겠어요"라는 문장이 독특한데요. 무슨 일이 일어나고 있는지 눈치채셨나요? 바로 이 순간, 자유간접화법과 아이러니가 손을 잡은 오스틴의 발명품, 오스틴표 소설 문체가 처음 등장했습니다.

제가 오스틴이 쓴 소설의 '톤'에 대해 말씀드린 것 혹시 기억하시나요? 저는 오스틴 번역 작업을 시작하면서 『이성과 감성』의 톤을, 짓궂은 눈빛을 반짝이는 젊은 오스틴의 분신인 전지적 시점 서술자가 흡사 이웃의 뒷담화를 하듯 독자에게 속살속살 들려주는 방식, '가십'과 크게 다르지 않은 소식을 들려주는 이야기꾼의 어투로 설정했습니다. 뒷이야기란 원래 비판적 거리를 유지하기 마련이고요. 그런데, 보세요, 이 전지적 시점 서술자가 이 순간, 예고도 없이, 존 대시우드 부인이라는 조역에 '빙의'해 그의 생각과 말을 복화술처럼 읊조리기 시작한 거예요. 주인공도 아니고 악역에 가까운 캐릭터의 입장이 되어 말하기 시작한 거지요. 셰익스피어의 희곡 『한여름 밤의 꿈』에 나오는 요정 퍽처럼 짓궂은 이 화자는 다음 문장에서는 언제 그랬느냐는 듯 쏙 빠져나와 중립적 거리를 유지하는 듯싶다가, 또 그다음 문장에서는 아예 문제의 캐릭터가 되어버린 듯, 다시 간접화법을 활용해 부인의 말을 미주알고주알 옮기기 시작합니다. 이처럼 전지적 화자가 여러 다양한 캐릭터의 내면을 자유자재로 드나들기도 하고 캐릭터의 대사를 서술체로 재전달하기도 하면서, 3인칭 전지적 화법, 1인칭 직접화법, 3인칭 간접화법을 마음대로 오가는 기발한 서술 방법이 바로 '자유'간접화법이랍니다.

이 짓궂은 화법 덕분에 독자는 매우 난처해지고 맙니다. 정신을 차려보면 그만 독자 자신이 (동일시를 유도하는 효과가 있는 간접화법 속에 들어와 있게 된 만큼) 본의 아니게 매정하고 이기적인 존 대시우드 부인의 편에 서 있다는 걸 깨닫게 되거든요. 흡사 자기가 존 대시우드 부인이 된 것처럼, 남편을 설득하며 따발총처럼 내뱉는 말을, 자기도 모르게 머릿속으로 다다다 읊조리게 되는 것이지요. 과연, 『이성과 감성』의 서술자는 존 대시우드 부인에게 빙의해 남편을 숨차게 들볶습니다. 설득하는 자이기도 하고 설득당하는 자이기도 한 이 부부의 입장에서 보면 그 말들이 얼마나 유혹적인지 모릅니다. 결국 1부 2장이 끝날 무렵, 아버지의 유언에 따라 새어머니와 이복동생들의 생계를 충분히 보장해주려고 했던 존 대시우드 씨는 아들 몫으로 돌아갈 재산 중 단 한 푼과도 '이별하지' 않기로 마음먹고 그 결정을 정당화하는 논리를 구축합니다. 독자는 이 진부하고도 평범한 악의 공모자가 되어버리고, 동시에 한정 상속법이라는 부조리한 제도가 기대고 있는 개인의 온정이 이기적 물욕 앞에서 얼마나 허약하고 위태로운 것인지를, 피해자가 아니라 가해자의 입장에서 알게 됩니다. 그렇게 1부 2장을 거의 다 지나오면, 그사이 서술자는 이기적인 캐릭터들로부터 훌쩍 빠져나와 시치미를 떼고 있어요. 언제 그랬냐 싶게, 냉랭한 태도로 거리를 두며 이들을 비웃는 거죠. 그러니 이들의 심리에 잠시나마 공모했던 독자 역시 서술자의 비웃음에서 자유롭지 못하게 되고요. 독자는 제도가 조장하는 이 평범한 악의 유혹이 얼마나 강력한지를 완벽하게 체험한 셈입니다. 바로 이것이 오스틴이 도입한 기발한 소설적 장치, 자유간접화법의 위력입니다. 독자와 캐릭터의 거리를 자유자재로 조절해서, 동일시와 아이러니라는 상반된 효과를 동시에 창출한 것입니다.

『이성과 감성』 1부 2장은 풍자와 유머, 심리적 리얼리즘과 사회 비판이 완벽하게 결합된 위대한 문학적 성취입니다. 정의의 문제를 사회적 안전망의 구축 없이 개인의 온정에 맡기는 순간 약자에 대한 폭력이 얼마나 쉽게 판치게 되는지를, 『이성과 감성』 1부 2장만큼 독창적으로 구현한 문학적 순간은 흔치 않거든요. 그리고 바로 이 순간의 문학적 후계자가 바로, 앞에서 인용한 『시녀 이야기』의 서늘한 대목입니다. 실제로 영국에서 여성의 부동산 재산권이 법적으로 보장된 것은 1925년부터였습니다.

번역가로서 저는 이 혁신적 서술의 효과를 구현하기 위해 몇 가지 과감한 선택을 했습니다. 먼저는, 간접화법으로 포착되는 존 대시우드 부인 특유의 잔소리, 그 숨 막히는 리듬을 포착하는 데 집중했습니다. 그래서 서술자의 문장에 입말의 생동감을 불어넣기 위해 "-고요"라는 어미를 각운처럼 되풀이해 사용했습니다. "어떻게 책임질 생각이냐고요" "대체 어디 있느냐고요" 등 이렇게 "-고요"를 반복함으로써 존 대시우드 부인의 다그치는 리듬과 서술자의 아이러니를 모두 표현할 수 있겠다고 생각했거든요.

다음으로, 간접화법에서 쓰이는 3인칭 대명사를 이따금 1인칭으로 번역함으로써 서술의 시점을 '자연스럽게' 이동했습니다. 위에서 인용한 마지막 문장에 담긴 "불쌍한 아기 해리(their poor little Harry)"라는 구절을 "우리 불쌍한 아가 해리"로 옮기는 식으로요. 축자적으로 보면 서술자의 것인 이 표현이 "우리"라는 존 대시우드 부인의 입말로 읽히면, 영어 독자들이 이 단어 앞에서 느끼는 것과 비슷한 감정이 끌려나올 수 있겠다고 판단했기 때문입니다. 가끔은 단어 대 단어라는 일차적 대응 기술을 내려놓고 전략에 집중하면 좀 더 생생한 읽기 체험이 가능해지지 않을까 싶었습니다. 문장과 문장이 연결되며 생겨나는 겹겹의 의미와 뉘앙스가 전해지는 방식으로요.

물론 이 읽기는 저의 읽기일 수밖에 없고, 이 선택 역시 저의 선택일 수밖에 없습니다. 다만 이런 과정을 통해 저는 '충실한 번역'이라는 다소 추상적인 개념을, 문학 읽기라는 복합적 체험의 본질에 최대한 다가가는 노력으로 재정의할 수 있도록, 그 구체적 가능성들을 여러 갈래로 타진하려 노력할 따름입니다.

여행을 사랑한 제인의 노트북

제인 오스틴은 주변에서 알아주는 여행 애호가였답니다. 『오만과 편견』의 다음 장면만 봐도 오스틴이 얼마나 여행을 사랑했는지 알 수 있어요. 소설이 한창 전개된 어느 시점, 주인공 엘리자베스 베넷은 위컴에게 실연을 당하고 빙리에게 실망을 느끼고 다아시를 퇴짜 놓게 되는데요(마음이 얼마나 복잡했겠어요), 바로 이즈음 외삼촌 부부로부터 더비셔 여행에 동행해도 좋다는 이야기를 듣자마자 신이 나서 이렇게 외칩니다. "바위와 산과 들이 있는데 남자가 다 뭐래요?" 여행은 모든 고뇌를 씻어내리는 묘약이지요. 물론 오스틴이 자신의 취향을 엘리자베스 베넷에게 씌워 입힌 것이기도 한데요, 실제로 오스틴은 여행을 좋아해서 고된 마차 여행도 불평 없이 즐겼고, 건강과 재정이 허락하는 한 언니 커샌드라와 영국 구석구석을 돌아다녔다고 합니다.

하지만 소설적 장치로서의 여행은 작가가 등장인물에게 투사하는 취향에 그치지 않습니다. 여행은 엘리자베스의 운명을 바꾸는 결정적 계기가 되지요. 오스틴의 소설에서 여행은 플롯의 엔진이자 연료입니다. 누군가 어디론가 떠나야 사건이 일어나고 이야기가 진행되거든요. 주인공들은 어린 시절 내내 살던 고향에서 쫓겨나 새로운 고장으로 떠나게 되거나, 오랫동안 비어 있던 어느 시골 저택에 살러 온 런던 사람들을 만나게 되거나, 친지의 초대를 받아 다른 지역을 방문하거나, 멀리 유람을 떠나면서 비로소 뜻밖의 만남이 이루어지고 인생의 행로가 뒤바뀌지요.

여행을 사랑했던 제인 오스틴에게는 길을 떠날 때마다 절대 잊지 않고 챙겨 간 소중한 반려 물건이 있었습니다. 바로 테이블이나 무릎에 올려둘 수 있을 만큼 자그마한 나무 상자인데요. 아버지 조지 오스틴 목사가 열아홉 살 생일 선물로 제인에게 준 것으로 알려져 있어요. 가죽을 덧댄 상판은 기울기를 조절할 수 있어서 종이를 받쳐두고 글을 쓸 수도 있었고 독서대로 사용할 수도 있었어요. 상자 속 수납 공간은 잉크병과 깃펜을 담을 수 있을 만큼 제법 넉넉했고, 편지지와 원고를 보관할 수 있는 서랍까지 달려 있었습니다. 비밀 일기장처럼 뚜껑을 닫고 잠가둘 수도 있었다고 하고요. 작고 가벼워서 어디든 들고 다닐 수 있었다고 하니 그 시대의 휴대용 타이프라이터라고 해야 할까요? 읽고 쓰는 이들에겐 제 몫을 톡톡히 하는 상자였던 거죠.

라이팅 슬로프, 랩 데스크, 라이팅 박스 등 다양한 이름으로 불린 이 휴대용 책상은 사람들의 이동량이 폭발적으로 증가하고 커뮤니케이션이 발달했던 18세기 말 영국의 신문물이었습니다. 『진짜 제인 오스틴: 작은 물건으로 보는 삶』의 저자 폴라 번은 이 상자를 두고 "조지 왕조 시대의 노트북컴퓨터"라고 표현하기도 했답니다. 포장도로가 처음 깔리고 우편 마차를 통한 통신 시스템이 갖춰지고 나폴레옹전쟁으로 군대의 국외 파병이 급증하면서 서재나 거실뿐 아니라 마차에서, 여관에서, 상선과 함선에서 책을 읽고 글을 써야 하는 이들이 늘어났습니다. 이 작은 책상은 산업혁명에 시동을 걸며 세계로 돌진했던 영국의 최신 테크놀로지였던 셈이지요. 오스틴은 바로 이 작은 책상 위에서 자신의 위대한 소설들을 전부 썼을 뿐 아니라 지중해부터 서인도제도, 동인도제도, 그리고 멀리 아프리카 해안까지 누비고 다닌 해군 오빠 프랜시스와 남동생 찰스에게도 헤아릴 수 없이 많은 편지를 썼답니다. (편지는 제인 오스틴의 소설에서 여행만큼이나 중요한 플롯의 촉매이지요.)

전례 없는 이동 가능성이 열린 제인 오스틴의 시대에, 세계는 급격히 재편됩니다. 오스틴의 소설 자체도 당시 급속도로 발전한 커뮤니케이션 시스템의 산물이었습니다. 빨라진 삶의 속도는 플롯뿐 아니라 간결하고 흡인력 있는 문체에도 반영되어 있습니다. 작가는 잔잔한 일상을 그리면서도 군더더기 없이 간결한 문체를 구사해 의아하리만큼 긴박한 리듬을 만들어내는데요. 독자는 어서 다음 문장으로, 다음 챕터로, 다음 사건으로 넘어가고 싶어 손에서 책을 내려놓을 수 없게 되어요. 어찌 보면 제인 오스틴의 이 빠른 템포는 우리 시대 숏폼 드라마의 호흡과 비견될 수 있을지도 모르겠네요. (당대 최고의 베스트셀러 작가들, 앤 래드클리프나 월터 스콧 경과 비교해보면 이런 제인 오스틴의 템포가 얼마나 새롭고 독창적인 것이었는지를 더 뚜렷이 체감할 수 있습니다. 바로 이 템포가 래드클리프나 스콧 경의 소설과 달리 제인 오스틴의 소설들이 현대 독자들에게 꾸준히 읽히는 이유 중 하나이기도 하고요.)

하지만 '휴대용'이라는 이름이 붙은 모든 물건이 분실의 가능성을 품고 있는 만큼, 이 귀한 휴대용 책상도 영영 사라질 뻔한 적이 있었어요. 오빠 에드워드가 새로 이사한 집에 다녀오는 길에 들른 여관에서 착오로 글쓰기 상자를 비롯한 제인의 소지품을 다른 마차에 실어 보내버린 거예요.

도착하자마자 편지를 쓰기 시작했어야 했는데, 작은 소동이 있어서 늦어졌어. 여관에 도착하고 십오 분쯤 지났을까, 내 글쓰기 소품과 옷이 든 상자들이 착오로 우리가 들어올 무렵 떠난 마차에 실려 나갔다는 걸 알게 됐지 뭐야. 짐들은 그레이브젠드를 거쳐서 서인도제도로 보낼 예정이었대. 내가 가져본 소지품 중에서 가장 귀한 것들이었는데. 글쓰기 상자 안에는 내 전 재산, 칠 파운드가 들어 있었거든. […] 노틀리 씨가 하인에게 당장 말을 타고 마차를 따라잡으라고 시켜서 반시간 후에는 모두 되찾을 수 있었어. 이젠 그 어느 때보다도 큰 부자가 됐지.

—1798년 10월 24일, 제인 오스틴이 언니 커샌드라에게 보낸 편지에서.

1798년이면 제인이 한창 왕성하게 평생의 걸작을 쓰던 시기인데요. 칠 파운드만이 아니라 당시 집필하던 소설 초고가 들어 있었을 거라 추측하는 학자들이 많아요. 그러니까 하마터면 클라우드도 백업 디스크도 없던 세상에서 『오만과 편견』의 초고가 서인도제도로 실려 갈 뻔했을지도 모른다는 얘기, 우리가 엘리자베스 베넷도 다아시도 만날 수 없었을지도 모른다는 얘기입니다. 어휴, 세상에, 큰일 날 뻔했지요? 여행할 때는 언제나 소지품을 잘 챙겨야 한다니까요.

Sense와 Sensibility에 숨겨진 이야기

『이성과 감성』에서 저는 번역만으로는 옮길 수 없는 중요한 행간이 있다고 판단하고 이를 건너기 위해 색다른 영어 병기 방식을 도입했습니다. 이 글에서는 그 선택에 대해 설명하려고 합니다. 텍스트 번역으로만은 포착하기 어려운 의미를 편집과 디자인의 힘을 빌려 구현하려는 시도입니다. 번역가로서 제 고민은 'Sense and Sensibility'라는 제목에서부터 시작되었습니다. '이성과 감성'은 귀에 착 붙는 리듬으로 원어의 의미를 무난하게 풀어낸 훌륭한 번역이고, 제가 번역한 판본 역시 이 제목으로 선보일 예정이기는 합니다. 주인공 엘리너와 메리앤의 성격과 행동도 어느 정도는 '이성'과 '감성'의 비교, 대조, 대립을 통해 그려지고 있기도 하고요. 다만 저는 한 가지 의문을 떨칠 수 없었습니다. 정말로 제인 오스틴이 이런 대조를 보여주고 싶었다면 어째서 이성을 가리킬 때 reason이라는 단어가 아니라 sense라는 단어를 사용했을까요? reason(이성)은 당시 인간의 품격을 내보이는 가장 중요한 자질로 여겨졌는데 말이에요. 만일 그 단어를 썼다면 이 작품의 제목은 'Reason and Feelings' 'Reason and the Passions' 'Reason and Emotion' 등이 될 수도 있었겠지요. 오스틴이 그 대신 'Sense and Sensibility'라는 제목을 선택한 데는, 여러 가지 배경이 존재하며 또한 그 배경들 속에서 작가로서 뚜렷이 하고 싶은 말이 있었기 때문이라고 저는 짐작합니다. 따라서 이 단어들이 콘텍스트 안에서 또 텍스트 속에서 역동적으로 움직이며 창출하는 중요한 의미를 놓치지 않고 붙잡아서 가시적으로 드러내고 싶었습니다.

당시 서구인들은 이성(reason)이라는 추론 능력은 남자에게만 있고 여자에게는 감정(feelings)만 있다고 생각했습니다. 저 지독한 남성 중심주의적 사회에서 여성은 판단력이 부족하고 감정적으로 취약하고 지극히 예민한 존재에 불과했지요. 말하자면 reason과 feelings는 그 개념 자체에 남자와 여자라는 젠더 정체성이 내재되어 있고 위계와 서열도 이미 정해져 있는 낱말들이었던 것입니다. 그때 (『프랑켄슈타인』을 쓴 메리 셸리의 어머니이기도 한) 사회

사상가 메리 울스턴크래프트가 『여성의 권리 옹호』를 발표해서 파격적인 주장을 펼칩니다. 여성에게도 이성이 있으며 여성이 지적으로 "열등한" 것은 이성이 없기 때문이 아니라 교육을 받지 못했기 때문이라고, 국가는 여성을 "장식품이나 사유재산"(!)이 아닌 남성과 동등한 사회의 구성원으로 인정하고 동등한 교육을 시켜야 한다고 주장한 것인데요, 이 주장이 당시 얼마나 큰 파장을 일으켰는지 모릅니다.

그때가 1792년, 제인 오스틴이 소설을 쓰기 시작한 1795년보다 불과 몇 년 앞선 때였죠. 오스틴은 소설을 쓰면서 reason과 feelings를 염두에 두었지만 이 단어들을 사용하면 소설의 내용과 상관없이 자신이 원치 않는 논쟁을 불러올지도 모른다고 생각했을 가능성이 커요. (호사가들은 제목만 보고 여자에게 reason이 있느니 없느니 왈가왈부했을 테니까요.) 이런 추측에는 근거가 있어요. 잘 알려지진 않은 사실이지만 초기의 제인 오스틴은 분명 메리 울스턴크래프트를 다분히 의식하고 있었습니다. 깊이 읽으면 읽을수록 제인 오스틴의 초기 소설은 울스턴크래프트를 빼놓고는 논할 수가 없는 것 같아요. 『이성과 감성』과 『오만과 편견』은 흡사 울스턴크래프트에 대한 서사적 화답 같은 작품이거든요. 울스턴크래프트와는 전혀 다른 방식이지만 여자에게도 이성이 있다는 것을 입증해 보이고 싶다는 결기에서 쓴 소설처럼 보일 정도지요.

다만 오스틴이 이성과 감성이라는 대립적 구도를 상정한 건, 궁극적으로 해체하고 허물기 위해서였다고 저는 생각합니다. reason/feelings와 달리 sense/sensibility는 위계도 서열도 없을 뿐 아니라 경계조차 불분명한 단어입니다. 제인 오스틴의 작품들을 사례로 들어 뇌과학 및 사회심리학 논의를 전개한 『뇌에 관한 제인의 생각: 제인 오스틴과 사회지능의 과학을 탐구하다』에서 저자 웬디 존스는 『이성과 감성』의 주인공 메리앤과 엘리너가 우화의 주인공처럼 납작한 대립적 인물들이 아니며, 제목으로 쓰인 sense와 sensibility가 같은 의미로 쓰일 때가 많다는 점을 지적했어요. 두 단어 모두 단순한 의미에서의 인지 능력, 그러니까 자신이 감각한 것을 바탕으로 주변의 정보를 받아들이고 통합해 판단하는 능력을 뜻한다는 것입니다.

sense는 이성적 판단을 뜻할 수도 있지만 감정적 인식을 의미하기도 합니다. 주변 사람들의 행동을 바탕으로 그들의 감정을 판단하고 자기 행동의 향방을 정하는 능력이고요. 한편 메리앤은 sensibility를 격정이나 순수한 내면의 진정한 지표로 착각하고 어떤 결정적인 잘못을 저지르는데, 이 착각은 sensibility라는 자질 자체의 문제라기보다 낭만주의로 이행하면서 비합리적으로 예민한 감수성을 찬양하던 당대의 문학과 예술에 메리앤이 무비판적으로 젖어 있었던 탓이라고 볼 수 있어요.

마지막으로, sense와 sensibility의 경계를 불분명하게 흐리는, 언어에 내재된 속성도 있답니다. 두 단어는 형용사 sensible을 공유하는 사이거든요. sensible이라는 형용사는 『이성과 감성』 속에서 카멜레온처럼 변신을 거듭하는 마법의 단어입니다. 맥락에 따라 의미가 달라지지요. 어떤 때는 sense 쪽으로 기울어 누군가 사리 판단이 바르다든가 눈치가 빠르다든가 합리적이고 이성적임을 의미하는 차원에서 쓰이지만, 어떤 때는 sensibility 쪽으로 기울어 인물의 예민한 감정을 드러낸다거나 타인의 감정을 읽어내는 능력을 발휘하는 장면에서 쓰이죠. 감각할 수 있고 인지할 수 있는 물질적 성질을 뜻할 때도 있고요. 심지어 한 문장에서 두 가지 뜻으로 쓰이기도 한답니다. 엘리너가 루시의 정체를 알게 되는 중요한 순간에 쓰인 sensible은 뼈저린 감정과 합리적 인식을 모두 아우르는 의미로 읽힙니다. 서사의 전환점에서 이성적 판단과 감정적 민감성은 의미심장한 도덕적 감정으로 합쳐지게 되지요.

그러니 하나의 도착어만으로는 sensible이라는 단어에 담긴 이 모든 의미를 드러낼 길이 없습니다. 뜻이 달라지는 맥락을 먼저 따라가야 하니까요. 역어로는 그때그때 맥락에서 자연스러운 의미를 좇아가면서 융통성 있게 해답을 찾아내야 하는 거죠. 어떤 때는 '분별 있다'가 되었다가 어떤 때는 '섬세하게 감정을 읽는다'가 되었다가 하는 식으로요. 그래서 저는 sense와 sensibility와 sensible이라는 단어가 이 소설에서 작동하는 방식을 꼭 시각적으로 보여드리고 싶었어요. 핵심적인 세 단어가 소설 곳곳에 포진해 만들어내는 의미의 움직임을 놓쳐버리면 텍스트의 풍윤한 양감이 푹 꺼질 수도 있으니까요. 한 단어가 얼마나 변화무쌍하게 쓰일 수 있는지, 그 다양한 화용(話用)이 합쳐져 소설의 주제와 얼마나 근사한 방식으로 통하게 되는지, 그때그때 달라지는 역어만 보아서는 알 수가 없기 때문이지요. 그래서 궁리한 끝에 이 중요한 단어들이 등장하는 길목에서는 원어를 병기해보기로 했습니다.

"물론이에요." 양쪽 다 침묵이 몇 분 이어지다 루시가 말을 이었습니다. "그이 어머님이 언젠가는 생계를 마련해주시겠지요. 하지만 불쌍한 에드워드는 낙심이 이만저만이 아니에요! 바턴에 왔을 때 그이가 지독하게 울적하다고 생각지 않으셨나요? 롱스테이플에서 우리와 헤어지고 당신에게 가면서 얼마나 우울해하던지, 어디가 크게 아프다고 생각하실까

봐 걱정했어요."

"그럼 우리를 방문했을 때, 삼촌 댁에 계시다 오신 건가요?"

"아! 맞아요. 우리와 이 주일쯤 같이 지냈어요. 런던에서 곧장 왔다고 생각하셨던 거예요?"

"아니요." 대답하면서, 엘리너는 새로 밝혀지는 정황이 모두 루시의 말이 진실임을 뒷받침한다는 걸 절실히 느끼고 또 이해하고(sensible) 있었어요. "플리머스 근교에서 이 주일간 친구들과 지냈다고 말씀하셨던 게 기억나네요." 그리고 또, 그가 친구들에 대해서는 더는 아무 말도 하지 않아서, 심지어 그 이름마저 철저히 함구해서 내심 놀랐던 기억도 떠올랐지요.

—『이성과 감성』, 1부 22장.

이성과 감성을 오가던 sensible이라는 단어가 결정적인 어느 순간 극적으로 '이성적으로 이해하다'와 '감성으로 느끼다'를 모두 품게 됩니다. 따라서 번역된 문장에서는 '느끼고 이해하다'로 풀어 썼습니다. 이리저리 갈라지던 이 단어의 의미들이 하나로 합쳐져 이성과 감성의 대립 구도를 무화하는, 이 순간의 온전한 충격을 소설을 읽으며 꼭 확인해보세요.

그러고 보면 번역도 sense와 sensibility 사이의 sensible 같은 일이라는 생각이 들어요. 텍스트를 경험하고 이해하며 느끼고(sensible), 출발어와 도착어의 환경을 총체적으로 파악하고(sensible), 언어의 강을 건너온 작품이 독자에게 어떻게 느껴질지 짐작하는(sensible) 일. 그런 경험을 기꺼이 하면서 사람이 사람으로서 사람에게 다가서는 일. 제인 오스틴이 세상에서 가장 중요하다고 생각하는 일이었죠.

세계대전의 포화 속 제인 오스틴

하늘이 무너지고 바다가 폭발하고 땅이 끊어지는 상황에서 뭔가를 읽을 수 있다면(그럴 수 있다면 말이지만), 당신은 어떤 책을 고르시겠어요? 여기, 자의로 타의로 멀리 파병되어, 총알과 포탄을 피해 참호 속에서 숨어 지내면서, 한순간도 죽음의 공포에서 벗어나지 못한 와중에, 소설책을, 그것도 제인 오스틴을 읽은 군인들이 있습니다. 이번에는 제1차 세계대전이라는 극한 상황 속에서 제인 오스틴을 읽으며 버텼던 젊은이들의 이야기를 들려드리려고 합니다.

제1차 세계대전 당시 영국 정부에서는 영국군들에게 문고판 책자를 지급했습니다. 고통스럽고 지루한 참호 생활을 견디는 데 독서가 도움이 될지 모른다고 생각했던 거지요. 덕분에(?) 병사들은 참호 속에서 많은 책을 읽을 수 있었는데 그중에서도 압도적인 인기를 누린 작가는 제인 오스틴이었다고 합니다. 참호 속의 제인 오스틴은 노벨문학상 수상 작가 조지프 러디야드 키플링의 소설 소재가 되기도 했답니다.

"팍팍한 데서는 작가들 전부 제인 발끝도 못 따라온다니까요." 키플링의 단편소설 「제인 오스틴 비밀결사단(The Janeites)」(1924)에 나오는 유명한 대사입니다. 이 소설은 제1차 세계대전에 참전했다가 고향으로 돌아온 뒤 포탄 충격, 이른바 셸 쇼크로 고통을 겪는 미용사 험버스톨이 자신의 전쟁 경험담을 (그중에서도 제인 오스틴에 얽힌 일화를) 들려주는 이야기 속 이야기로 이루어져 있습니다. 줄거리는 다음과 같습니다. 험버스톨은 매일의 생계를 해결하기도 버거운 런던 하층민의 전형으로, 문학에 대한 지식이 그리 깊지 않았습니다. 그런 그가 복무하던 부대에 이혼 전문 변호사 출신 장교와 잘나가는 흥신소 주인 출신 사관이 배치됩니다. 장교와 사관은 어디서나 붙어 다니며 자신이 맡았던 외도 사건이며 이혼 이야기를 쑥덕거리곤 했지요. 험버스톨은 호기심을 참지 못하고 그 두 사람의 흥미진진한 이야기를 매번 엿듣습니다. 그런데 듣다보니 이들의 대화라는 게 늘 '제인'이라는 여자의 '지혜'

운운으로 흘러가는 거예요. 험버스톨은 어느 이야기에서건 빠지지 않는 그 여자가 대체 누구인지 궁금해집니다. 이즈음 또 다른 사관 하나가 험버스톨의 부대로 배치되는데요. 변호사 장교와 흥신소 사관은 기세를 제압한답시고 위협적인 태도를 보이며 '제인'을 아느냐고 을러댑니다. 그랬더니 이 신입 사관이 얼굴을 환히 빛내면서 이렇게 말하는 게 아니겠어요. "제가 있던 곳은 언제나 '즐거움이 보글보글(bubbly)' 했답니다!" 이 한마디에 게임 끝, 환대가 끝이 없었죠. 험버스톨만이 어리둥절해하면서 '즐거움이 보글보글'이란 것이 이 '제인'이라는 사람과 관련된 상류사회 비밀결사단의 암호인가보다 하고 짐작합니다. 이들의 대화 중에 (사교계, 학회, 비밀단체 등의 뜻이 담긴) 소사이어티 같은 단어가 한 번씩 나오기도 했고요. Bubbly가 제인 오스틴의 소설에 자주 나오는 단어라는 건 또 어떻게 알았겠어요.

시간이 흘러 흘러, 험버스톨도 제인의 정체와 제인의 소설을 알고 읽고 사랑하게 됩니다. 제인 오스틴을 향한 다른 부대원들의 애정과 열정에 젖어들며 함께하게 된 것이지요. 부대원들은 모두 제인 오스틴 팬클럽의 회원이 되어 오스틴 소설의 내용과 인물을 토대로 한 농담과 수다를 주고받으며, (계급에 상관없이) 서로 더할 수 없이 친밀해집니다. 기존의 계급의식이며 수많은 부조리가 무의미해졌던 팍팍한 참호 속이었기에 가능한 관계이긴 했지만요. 이 작은 유토피아는 오래가지 못했습니다. 험버스톨을 제외한 부대원 전원이 독일군의 공격을 받고 사망하게 되거든요. 혼자 살아남은 험버스톨은 영원히 비밀결사단의 제이나이트*로서 두고두고 제인 오스틴의 책을 읽으며 살아갑니다.

키플링이 이 단편을 집필한 배경에는 비극적인 사연이 심겨 있습니다. 1915년 가을, 열여덟 살이었던 외아들 존 키플링이 루스 전투에 참전했다가 실종되었기 때문입니다. (참고로 루스 전투는 영국이 독가스를 무기화했던 최초의 전투로, 영국군 사상자만 오만 명을 기록했습니다.) 전장에서 자식을 잃은 부모라면 누구라도 하늘이 무너지는 것 같을 테지만, 아버지 키플링의 통한은 조금 복잡했습니다. 사실 아들 존은 지독한 약시라서 군대에 갈 수 없었는데 아버지 조지프의 체면과 고집 때문에 억지로 자원하여 입대한 것이었거든요. 당시 키플링은 '애국' '보수' 골수 제국주의자로서 정치 선전에 열심이었고, 기회가 생길 때마다

---

* 제인을 열렬하게 사랑하는 독자를 일컫는 말로, 문학비평가 조지 세인츠버리가 1896년에 만들어낸 용어입니다. 이 말을 유명하게 만든 건 러디어드 키플링의 단편소설이고요. 제이나이트는 지금도 세계 각국의 오스틴 팬들이 자랑스럽게 스스로를 지칭하는 호칭이랍니다.

나서서 청년들에게 입대를 독려했습니다. 그런 만큼 자기 아들이 신체적 조건 때문에 입대를 거부당하고 있다는 상황을 견디지 못했어요. 결국 기어이 윗선에 손을 써서 아일랜드 근위대(이름은 이러하지만 사실 영국의 엘리트 보병 연대입니다) 소속으로 군대에 보내고야 맙니다. 그런 무모한 이상주의와 권력욕의 대가로 돌아온 것은, 하나밖에 없는 아들의 시신도 없는 부고였지요.

뭐라 말할 수 없이 큰 충격을 받은 키플링이 이 죽음을 온전히 받아들인 것은, 아들이 "사망으로 추정되는 실종자" 명단에 오른 지 사 년이 지난 후였습니다. 아내 캐럴라인 키플링의 일기에 따르면, 키플링 부부는 내내 아무도 만나지 않고 저녁마다 제인 오스틴의 소설을 함께 읽었다고 해요. 일종의 가족 독서 심리 치료였던 셈이지요. 1915년 아들의 죽음 이후 1924년 「제인 오스틴 비밀결사단」을 발표할 때까지, 그사이에는 거의 십 년이라는 시간이 놓여 있습니다.

그런가 하면, 1916년 프랑스 전장으로 파병된 신호 장교 앨런 밀른은 정말로 키플링의 단편소설처럼 제인 오스틴을 매개로 쌓은 우정 덕분에 목숨을 구했습니다. 아꼈던 어린 상병이 눈앞에서 폭사하는 장면을 목격한 뒤로 트라우마에 시달리던 밀른 장교는 사병들과 가까워지기를 몹시 꺼리게 되었지요. 다시는 그런 마음의 상처를 입고 싶지 않아서 마음을 닫아버리고 만 거예요. 하지만 그의 최애 작가인 제인 오스틴을 열렬히 사랑하는 그레인저 상병만큼은 예외였답니다. 오스틴 소설들과 인물들의 이야기를 늘 함께 나누다보니 그만 자기도 모르게 친해지고 만 거죠. 그러던 어느 날, 밀른은 적의 통신 장비를 제거하는 위험한 임무를 맡게 됩니다. 당연히 아무도 따라오지 않겠거니 생각했는데, 문득 돌아보니 바로 뒤에서 그레인저 상병이 자기를 엄호해주고 있는 것 아니겠어요.

"자네 여기서 뭐 하고 있는 건가?" 내가 말했다.

그가 수줍게 웃었다.

"그냥 따라오고 싶어서요."

"아니, 대체 왜?"

"뭐, 그냥 장교님이 꼭 무사하셨으면 좋겠다, 그런 생각이 들어서요."

그건 내가 들어본 제인 오스틴에게 바치는 찬사 가운데 최고의 찬사였다.

— A. A. Milne, *It's Too Late Now: The Autobiography of a Writer.*

앨런 밀른이라는 이름이 낯설다면, '곰돌이 푸'는 어떠세요? A. A. 밀른은 곰돌이 푸와 푸의 친구 크리스토퍼 로빈을 창조한 작가거든요. 제인 오스틴을 매개로 맺게 된 우정이 밀른의 목숨을 살렸고, 제인 오스틴이 아니었다면 우리는 곰돌이 푸를 만나지 못했을지도 모른다는, 뭐 그런 이야기죠.

이후 1936년 전쟁의 위협이 다시 유럽 대륙을 뒤덮었을 때, 밀른은 제인 오스틴으로부터 다시 한번 위안을 얻습니다. 그 시기 한 친구에게 보낸 편지에서 그는 이렇게 씁니다. "세상은 썩었어. 나는 프랑스의 이기적인 쇄국정책이 싫고, 독일 정부를 증오해. 무솔리니는 혐오스럽고, 공산주의는 징그러워." 그리고 이렇게 덧붙였습니다. "요즘 나에게 위로를 주는 유일한 일은 제일 좋아하는 책을 희곡으로 각색하는 작업이라네." 어떤 책일지 짐작이 가시나요? 바로 『오만과 편견』이었답니다.

그런데 왜 하필 제인 오스틴이었을까요? 제2차 세계대전 당시 미국의 한 선전 애니메이션은 북소리에 맞춰 팔다리를 쭉쭉 내뻗는 독일 청소년의 영상 위로 이러한 해설을 달았습니다. "이 젊은이에게는 웃음, 희망, 관용, 자비의 씨앗이 없다. 만세와 행진, 행진과 만세밖에 없다." 이 해설은 파시즘과 기계화 전쟁이 인간성을 말살한다고 주장하기 위해 우리가 대체로 고귀한 인간성과 연관 짓는 가치들을 불러냅니다. "웃음, 희망, 관용, 자비의 씨앗"을요.

제1차 세계대전의 참호 속에서 병사들이 제인 오스틴을 읽었던 것은, 스스로 인간임을 확인해야 했기 때문이 아니었을까요? 제인 오스틴의 웃음, 희망, 관용, 자비의 씨앗에 기대어서요. 어쩌면 사람이 무엇인가 다시 생각할 수밖에 없는 위치에 놓인 지금 우리의 세상에도 웃음, 희망, 관용, 자비의 씨앗이 어느 때보다 필요할지 모르겠습니다.

두 번째 기회를 허락하는 마음

제인 오스틴의 첫 소설과 마지막 소설은 말하지 못한 마음이 봇물 터지듯 나오는 이야기, 침묵하던 생각에 드디어 목소리가 생기는 이야기입니다. 『이성과 감성』의 엘리너와 『설득』의 앤은 누구보다 지혜롭고 누구보다 사무치는 감정을 느끼는 사람이지만 여러 이유로, 특히 결혼하지 않은 여자라는 이유로, 가족과 사회에 마음을 드러낼 길이 막혀 있어요. 사회적 발화는 언제 어디서나 권위와 규범의 문제이지요. 엘리너의 동생 메리앤처럼 규범을 무시하고 거침없이 속내를 드러낼 수도 있지만, 그랬다간 철저히 무시당할 뿐 아니라 가혹한 처벌을 받을 위험에 처합니다. 그렇지 않으면 앤의 언니 엘리자베스처럼 아름다운 외양으로 아버지/남자의 권위를 차용해 원하는 것을 모두 얻을 수도 있겠지요. 하지만 엘리너와 앤의 꿈은 보다 야심 차고, 그들의 실천은 보다 금욕적입니다. 뉘앙스가 풍부한 자신의 자아를 온전히 세계에 새기고자 분투하되, 그것이 불가능하다 해도 끝까지 세계를 관용하고 용서하고 연민하고, 사랑할 태세를 갖추고 있기 때문이지요. 이는 부당한 세계의 섭리를 무조건 따르는 태도도 아니고, 손해를 참고 퍼주기만 하는 호구의 선의도 아닙니다. 제인 오스틴에게 세계는 곧 다른 사람들이고 삶은 늘 더불어 살아가는 것이기에, 관용과 용서와 사랑은 자기와 세계를 지키는 마음입니다. 현명한 제인 오스틴과 그가 창조한 아름다운 사람들은 오랜 시간 고립과 고독과 침묵에 맞서 절망도 원망도 없이 부단히 분투하며, 끝내 목소리를 낼 자격을 쟁취하고 찬란하게 발화(發話)하고 발화(發花)합니다. 자기 자신에게, 또 자신을 둘러싼 세계에, 기어코 두 번째 기회를 허락하고 뒤늦을지언정 만개합니다.

제인 오스틴의 전작을 번역하고 싶다는 꿈을 품은 것은 아주아주 오래전부터였지만, 실행에 옮겨야겠다 작심한 것은 아이러니하게도 제가 더는 직업인으로서의 번역가로 살 수 없음을 깨닫고 절망하던 때였습니다. 오십 년에 걸쳐 모르고 살아왔지만 저는 신경다양성 장애가 있었어요. 중년에 들어서며 힘겹게나마 통제하고 살아오던 온갖 문제가 서서히 악화되더니 급기야 터져버렸습니다. 시간이 제멋대로 흐르고, 기억은 엉망진창이 되고, 숨이 쉬어지지 않았고, 아무 때나 눈물이 나고, 컴퓨터 화면을 켜고 하얀 여백을 마주하면 무서워서 죽어버릴 것만 같았어요. 더구나 평생 읽고 쓰는 사람으로 살아왔는데, 바로 그 읽고 쓰는 능력을 잃어가고 있었지요. 아무리 읽어도 이해할 수 없고 아무리 고쳐 써도 문장이 만들어지지 않았어요. 읽고 쓰지 못하는 삶을 상상할 수 없던 저는 그때 오른손의 기능을 잃은 피아니스트 리언 플라이셔를 아주 많이 생각했습니다. 손가락을 잃은 피아니스트는 어떻게 살아가야 할까?

머릿속은 뒤죽박죽인데 마감은 닥쳐오고 또 닥쳐오다 끝내는 도미노처럼 우수수 무너졌지요. 가슴에 늘 엄청나게 무거운 바윗돌이 얹힌 기분으로 날마다 잠을 설치며 악몽을 꾸었습니다. 낙인도 두려웠지만 무엇보다 끔찍하게 외로웠어요. 언제나 세계와 나 사이에 얇지만 절대 통과할 수 없는 피막이 있고, 나는 결코 세계에 소속될 수 없을 것만 같은 느낌이 있었거든요. 특히 사람들과는, 어떻게 해도 진짜로 사람들과는 연결될 수 없다는 좌절이 있었는데, 이제 그 좌절이 절망이 되어 덮쳐오고 있었지요. 분명 나를 사랑하는 사람들이 곁에 있었기에, 항상적인 그 단절의 감각은 스스로에게 도무지 불가해한 것이었고요. 그때 저는 분명 직업적 능력을, 인간적 연결을, 통합적 자아의 감각을 상실하고 있었습니다. 세계는 내게서 점점 더 멀찍이 물러섰고, 저 자신은 혼돈 속에 꽤 오래 혼자 남겨져 화를 내고 짜증을 내며 점점 더 많은 실수를 저질렀고 그럴수록 점점 더 그런 나를 타박하고 미워하고 소외시켰지요. 어떻게 해야 그 악순환의 구렁텅이에서 헤어날 수 있을지, 도저히 알 수가 없었습니다.

시기를 놓치지 않고 제가 특정한 형태의 신경다양인임을 깨닫고, 진단과 치료를 받은 건 천운이었어요. 삶을 회복하는 과정에서, 제가 원하는 방식으로 세계와 연결될 수 없었던 건 나 자신과 연결되지 않았기 때문임을 깨달았습니다. 자아에 대한 핵심적인 앎 없이는 세계를 이해할 수 없다는 말, 나 자신을 관용하고 용서하고 사랑하지 않으면 세계를 관용하고 용서하고 사랑할 수 없다는 어쩌면 상투적인 그 말들의 진의도 뼈저리게 체득했지요.

그래서 제인 오스틴을 다시 펼쳐 읽었습니다. 이번에는 『오만과 편견』이 아니라 『이성과 감성』과 『설득』을 읽었습니다. 그리고 그제야, 처음으로 알았습니다. 제인 오스틴의 소설들은 동화 같은 사랑의 이야기가 아니라 말하지 못하던 사람들이 결렬과 상처, 잔인한 홀대와 모욕, 편견과 이기주의, 불안과 상실감, 자기 의심과 자기혐오, 서로를 갈라놓는 모든 장벽을 넘어 발화하고 세계와 재결합하는, 치열한 투쟁의 기록이자 희망의 전갈이라는 것을요. 작가로서 인간으로서 그것이 얼마나 대단한 성취인지를 과거에는 차마 알지 못했던 방식으로 새삼스레 알았습니다.

제인 오스틴은 언제나 고립되어 있거나 깊은 절망에 빠져 있거나 상실을 애도하는 사람들에게 위로를 주었습니다.『오스틴을 읽은 몇 해: 다섯 권의 소설로 쓰는 회고록』은 작가 레이철 코언이 출산과 아버지의 죽음이 겹친 인생의 한고비를 거치며 딴것은 아무것도 읽지 않고 제인 오스틴의 소설들만 읽고 또 읽었던 기록입니다. 이 책은 허구와 현실, 태어남과 죽음의 기록이고 독창적인 문학비평이며 애도와 치유의 증언이고 한 작가가 다른 위대한 작가에게 바치는 헌사입니다. 코언에 따르면 오스틴의 세계는 언제나 애도하고 있습니다.『이성과 감성』에서는 아버지를 애도하고 사랑의 불가능성을 애도하고 빼앗긴 고향을 애도합니다. 나폴레옹전쟁의 후유증으로 가득 차 있는『설득』또한 말하지 못해 잃어버린 사랑을 애도하고 먼 전장에서 전사한 아들을 애도하며 서서히 잃어가는 과

거의 영광을 애도합니다. 처음부터 열린 적 없는 문, 이미 닫혀버린 문들로 가득한 세상 속에서, 오스틴의 웃음과 관용과 자비의 씨앗이 꽃을 피웁니다. 엘리너 대시우드도 앤 엘리엇도 웃음과 관용을 잃지 않습니다. 부당하게 홀대하고 상처 주고 자기 말을 들어주지 않는 가족을 미워하고 화를 내지도 않습니다. 세계를 통제하려 들지 않고 다만 부단히 설득의 길을 찾습니다. 『이성과 감성』 1부 3장에는 엘리너 대시우드가 사람의 마음을 너무 쉽게 믿고 딸을 위험한 상황으로 내모는 어머니에게 항상 "불신의 영감을 심어(inspire with distrust)"주려 하지만 번번이 실패하는 대목이 나옵니다. 벼락처럼 떨어지는 예술적 영감을 신봉하는 낭만주의를 비틀어 겨냥하는 이 표현은, 이 속 터지게 답답한 불통을 깨뜨려 한 줄기 웃음의 빛살을 비춥니다. 오스틴의 문장에는 늘 이처럼 햇살 같은 유머가 날카로운 끌처럼 단단히 심겨 있어 관용이 숨 쉴 틈새를 넓힙니다. 만연한 슬픔과 절망과 불안의 대기를 관통해 불가능한 희망을 설득합니다. 우리가 언제나 사람들 사이에 있음을 말해주고, 그들도 나도 불완전하지만 더불어 사는 삶은 노력해 쟁취할 가치가 있음을 깨우쳐줍니다.

꿈처럼 이 기획이 현실화된 건 이 년 전의 일입니다. 몸과 마음은 차차 나아지고 있었지만 예전과 같은 방식으로 문학 번역을 지속할 수 없다는 건 자명한 사실이었지요. 이왕 그렇다면 모든 걸 그만둘 각오로, 꼭 해보고 싶던 한 가지 일을 해보겠노라 마음을 먹었습니다. 단 한 번만이라도, 두려움이나 불안이 아니라 희망과 사랑을 쏟아 일하고 싶었습니다. 내가 쓸모없는 존재가 되어버릴까봐, 이 일을 거절하면 다시는 일할 수 없을까봐 두려워서가 아니라, 그냥 번역이 하고 싶어서 일하고 싶었어요. 새로운 방식으로 번역을 발화하고 싶어서, 사랑하는 작가를 함께 읽고 함께 사유하고 싶어서, 그 과정에서 슬픔과 고독과 절망을 관통해 제인 오스틴과, 나 자신과, 문학과, 독자와, 그리고 세계와 연결되고자 분투하고 싶었어요.

늘 그 생각을 품고 다니다가 우연한 자리에서, 직접 출판사를 만들어 펀딩을 해서라도 이런 작업을 해보고 싶다고 얘기했는데 그 자리에 함께했던 편집자님이 놀랍게도 바로 다음 날 연락을 주셨지요. 우연찮게 그 시기가 제인 오스틴의 탄생 250주년과 맞아떨어졌고, 그래서 저는 이렇게 날마다 오스틴의 문장을 옮기며 독자에게 보내는 편지를 쓸 수 있었습니다.

비평이자 고백이자 번역인 이 과정은 레이철 코언의 작업을 많이 닮았다고 생각합니다. 앤이 "앤 엘리엇다운 무언가"를 웬트워스 대위에게 끝내 전달할 길을 찾았듯, 웬트워스 대위가 앤에게 "당신이 내 영혼을 관통했다"라고 고백할 길을 찾았듯, 이것은 제게 허락된 두 번째 기회입니다. 하지만 불완전한 나를 이해하고 불통의 세계와 화해하고 관용과 용서를 배우는 것은 우리 모두의 과업이고, 두려움과 불안으로 얼룩진 지금의 세계 속에서 우리 모두에게는 두 번째 기회에 대한 확신이 필요합니다.

오른손의 기능을 잃은 피아니스트 리언 플라이셔는 포기하지 않았습니다. 왼손만으로 연주할 수 있는 곡을 연주하고 후배를 양성하며 살면서 꾸준히 재활 치료를 했어요. 희박한 희망을 붙들고 음악을 향한 사랑을 지켰습니다. 수십 년 후 그는 기적처럼 양손으로 연주한 새 앨범을 발표합니다. 〈두 손(Two Hands)〉이라는 제목의 이 앨범에는 슈베르트의 마지막 피아노 소나타가 실려 있고, 그건 제게 이 세상에서 가장 아름다운 음악입니다.

마지막으로, 미국 드라마 〈테드 래소〉에는 이런 말이 나옵니다. "우리가 가장 약할 때 저지른 짓이 아니라 가장 강할 때 성취한 것을 기준으로 평가해주는 세상이면 좋겠어"라고요. 레이철 코언도, 리언 플라이셔도, 또 제인 오스틴도 아마 고개를 주억이며 동의했을 겁니다.

초턴 마을의 큰 집과 작은 집

예전에 저는, 제인 오스틴 하면 왠지 꼿꼿하고 까다로운 시골 마을 여자가 떠오르곤 했어요. 제 상상 속에서 제인 오스틴은 작은 목사관에서 수를 놓고 피아노를 치고 언니와 산책을 다녀와서 동네 사람들 뒷이야기를 하다가 '시골 마을의 서너 가족'으로만 이루어진 소설을 쓴 사람이었지요. 하지만 저를 비롯해 전 세계 독자들의 상상력에 엄청난 영향을 미친 이 제인 오스틴의 이미지, 작은 집 안에 갇혀 얌전하게 살림을 거들며 한 번씩 도덕적 훈수를 두는 시골 여자의 이미지는 알고 보니 순전히 영국의 빅토리아시대가 창조한 허상이었습니다. (영국 제국의 보수주의가 최고조에 달했던 빅토리아시대의 사고방식이 아직도 영문학 전체에 얼마나 악영향을 끼치고 있는지요!) 여기에는 제인 오스틴의 남자 조카가 남긴 회고록이 큰 역할을 했는데요. 조카는 고모의 소설이 인기를 끌자 사람들이 좋아할 만한 금욕적 성녀의 이미지로 고모의 삶을 재구성해 회고록으로 선보였습니다. 우리가 아는 제인 오스틴의 이미지는 대부분 여기에서 비롯되었다고 할 수 있어요. 제인 오스틴의 삶에 대한 1차 사료가 워낙 적었기에, 또 이 회고록이 당시 대중이 듣고 싶어하는 이야기를 들려주었기에, 결혼하지 않았으나 '집 안의 천사'로 남은 비혼 고모 제인 오스틴의 고루한 이미지는 아주 오랫동안 흔들리지 않았습니다.

하지만 사실 제인 오스틴의 삶은 우리 생각보다 훨씬 더 다채롭고 흥미진진했습니다. 시끌벅적한 사춘기 남학생들에게 둘러싸여 자랐고, 십 대 초반부터 '음탕한' 농담도 서슴없이 던질 줄 알았으며, 전 세계 바다를 누비는 해군 형제들과 편지로 소통하며 세상 소식을 놓치지 않았습니다. 연애도 해봤고, 연극(여자 배우)에 빠져 치열한 덕질을 한 시기도 있고요. 갑부인 남자-사람-친구의 청혼을 받은 적도 있고, 왕세자로부터 (간접적으로나마) 팬심을 고백받은 적도 있습니다. 고료를 받자마자 신이 나서 새 모자를 쇼핑하러 달려 나가기도 했고요. 그런데 이렇게 생기발랄한 제인 오스틴의 모습은 아주 최근, 무려 21세기

들어 드러나기 시작했습니다. 폴라 번을 위시한 여성 연구자들이 관련 사료들과 작품들을 성실하고 꼼꼼하게 연구해, '답답한 집 안에 박혀 머릿속 상상의 삶을 살다 간 제인 오스틴'이라는 이미지가 얼마나 날조된 것인지를 밝혀낸 것이지요. 사실 제인 오스틴은 우리 생각보다 훨씬 많은 곳을 여행하고 훨씬 많은 사람을 만나고 훨씬 많은 경험을 하고 훨씬 많은 책을 읽은, 훨씬 주체적이고 매력적인 사람입니다.

하긴 생각해보면 참 이상하지 않나요? 스티븐턴의 목사관이나 초턴의 코티지에만 가만히 앉아 있었다면 어떻게 『오만과 편견』속 로징스 파크나 펨벌리에서의 삶을 그토록 잘 알았던 걸까요? '갑자기' 신분 상승을 한 제닝스 부인이나 윌리엄 경, 계급적 우월감에 젖어 사는 캐럴라인 빙리와 허스트 부인, 레이디 캐서린 드 버그, 매력 넘치지만 위험하리만큼 자기중심적인 메리 크로퍼드, 해군으로 자수성가한 웬트워스 대위 같은 사람들을 어떻게 그토록 사실적으로 그릴 수 있었을까요? 대답은 하나입니다. 제인 오스틴은 각계각층 사람들과 어울릴 수 있는 입지에 있었으며 이들과 활발하게 소통했고, 각양각색의 삶을 살아가는 이들을 곁에서 지켜보면서, 격변하는 당대 영국의 입체적 면모를 파악하고 그려낼 수 있었던 것이지요.

실제로 제인 오스틴은 목사의 딸로 나고 자랐지만 '최상층'의 삶을 가까이서 관찰할 수 있었는데요, 그건 다 셋째 오빠 에드워드 덕분입니다. 에드워드는 정말이지 동화 같은 신분 상승을 한 사람이거든요. 어린 '네디'가 열두 살이던 1779년, 요정 대모, 아니 아버지의 친척 토머스 나이트 부부가 집에 놀러 왔습니다. 신혼이었던 나이트 부부는 금발의 사랑스러운 소년 네디에게 반했고 다른 형제들보다 특별히 더 예뻐했다고 합니다. 1781년 나이트 부부는 햄프셔와 켄트의 영지 두 곳을 물려받게 되는데, 이들에게는 대를 이을 자식이 없었습니다. 영지를 상속할 적당한 남자아이를 물색하던 부부는 1783년에 네디, 즉 에드워드 오스틴을 입양하기로 마음을 먹습니다. 조지 왕조 시대에는 흔히 있던 일이었어요. 아버지 조지 오스틴은 조금 망설였다지만 어머니 커샌드라 오스틴이 남편을 설득했지요. "여보, 내 생각엔 당신 친척 뜻대로 우리 아이를 보내줘야 할 것 같아요." 나이트 씨의 마부가 켄트 카운티 고드머셤에서부터 조랑말 한 마리를 끌고 소년을 데리러 왔어요. 에드워드는 조랑말을 타고 백오십 킬로미터가 넘는 여정을 거쳐 새로운 집으로 떠났습니다. 작은 조랑말을 타고 떠나는 오빠에게 손을 흔들며 작별 인사를 했을 때 제인 오스틴은 여덟 살이었습니다.

1794년 토머스 나이트의 전 재산을 물려받은 에드워드 오스틴, 아니 에드워드 오스틴 나이트는 어마어마한 갑부가 되었습니다. 『오만과 편견』의 그 다아시 씨보다도 재산이 많았어요. 아무튼 제인 오스틴의 가족은 에드워드가 켄트 카운티 고드머셤에 정착한 뒤 주기적으로 방문해 꽤 오랜 기간 머물곤 했는데요. 제인 오스틴이 이 어마어마한 대저택에서 얼마나 많은 상류층의 사람들을 만났겠어요? 눈빛을 반짝이며 다양한 사람들의 일거수일투족을 관찰하는 제인 오스틴의 표정을 절로 떠올릴 수밖에 없지 않나요. (덧붙이면, 고드머셤 파크가 맨스필드 파크의 모델이라고 생각하는 사람들도 많습니다.)

잉글랜드 햄프셔 카운티 작은 마을 초턴에는 지금도 관광객들이 모여드는 집 두 채가 있습니다. 큰 집은 초턴 하우스라고 하고 작은 집은 초턴 코티지라고 해요. 초턴 하우스는 에드워드의 햄프셔 영지에 있는 별장 저택이었고, 초턴 코티지는 원래 재산관리인이 살던 집인데 나중에 에드워드가 홀로 남은 어머니와 두 여동생을 위해 내어준 집이지요. 초턴 하우스에 방문해 머물던 시절 제인 오스틴의 사회적 '위상'은 아마 『에마』의 미스 베이츠와 비슷하거나 조금 더 나은 정도였을 거예요. 제인 오스틴은 큰 재산을 물려받은 오빠의 대저택에서 가끔 길을 잃으며 어떤 생각들을 했을까요? 그 답은 그의 소설들에 담겨 있을 겁니다.

초턴 하우스는 1990년대에 네트워크 기술, 통신사업, 화장품 사업 등으로 크게 성공한 사업가 샌디 러너가 사들여 교육과 문화 활동을 펼치는 단체의 본부로 운영하고 있습니다. 샌디 러너는 자타가 공인하는 '제이나이트', 즉 제인 오스틴의 열렬한 팬이니 그야말로 성공한 덕후라고 할 수 있겠어요. 그리고 초턴 하우스에서 조금 떨어진 곳에 아름답고 아담한 코티지가 있습니다. 존 대시우드 부인이 『이성과 감성』에서 조금은 체념한 듯 "아주 아늑하고 소박"하다고 표현했던 것 같은, 바로 그런 집이에요. 제인 오스틴은 1809년부터 이 집에서 어머니, 언니 커샌드라, 가족의 친한 친구 마사 로이드 등 세 여자와 함께 살았습니다. 또 바로 이곳에서 제인 오스틴은 젊어서 써두었던 『이성과 감성』, 『오만과 편견』, 『노생거 애비』의 초고를 퇴고해 출판했고, 이후 『맨스필드 파크』, 『에마』, 『설득』을 썼어요. 한때는 여행자들의 숙소로, 또 한때는 노동자들의 숙소로 쓰였던 이 코티지는 지금은 제인 오스틴 하우스 뮤지엄이 되어 수많은 관광객이며 오스틴 순례자를 맞아주고 있답니다.

돈의 힘과 인간의 품격

2017년, 영국중앙은행은 초턴 코티지에서 십 파운드 지폐의 새 디자인을 발표했습니다. 지폐에는 제인 오스틴의 얼굴이 그려져 있었습니다. 제인 오스틴 돈이라니, 그 자체로도 아이러니하지만 이 지폐 디자인을 본 제이나이트들은 여러모로 웃어야 할지 울어야 할지 알 수 없는 심정이 되었습니다. 처음엔 "와! 제인 오스틴 돈이다!" 하며 즐거워했는데 자세히 살펴보니 좀 이상한 거예요. 무엇보다 커샌드라가 그린 수채화를 채택해 디자인한 것부터 정부가 저작권료를 아껴보자고 그런 건 아닐까 하는 매우 그럴싸한 의혹을 자아냈습니다. 게다가 언니가 집에서 쓱쓱 그린 스케치가 국가 공식 화폐 디자인으로 채택되는 바람에 제인은 그만 '집 안에서나 쓰는 캡'을 쓴 모습으로 박제되었는데, "밝은 코트를 입은 남자라니 촌스러워서 탈락!"이라고 선언했던 오스틴에게는 이것만으로도 이미 창피해서 기함할 일이었을 테지요. 설상가상 젊고 예쁘고 조신한(!) 얼굴로 미화되기까지 하고 말았고요.

또 지폐를 장식한 배경에는 제인이 소설을 써 나갔던 스티븐턴 목사관이나 초턴 하우스가 아니라 에드워드 나이트의 고드머셤 파크가 그려져 있습니다. 마지막으로, 지폐에는 "아무튼 세상에 독서만 한 오락이 없다니까요!(I declare after all there is no enjoyment like reading!)"라는 인용문이 함께 새겨졌는데, 따로 떼어놓고 보면 근사하지만, 이 말을 한 캐릭터가 엘리자베스 베넷도 앤 엘리엇도 심지어 에마 우드하우스도 아닌 캐럴라인 빙리라는 것을 알고 나면 좀… 그렇고 그런 마음이 됩니다. 한 가지 위로(?)라고 한다면, 아끼던 휴대용 책상에서 글을 쓰는 제인의 모습이 워터마크로 찍혀 있다는 것일까요?

제인이 살아서 이 화폐를 보았다면 얼마나 웃었을지 모르겠습니다. 얼마나 아이러니한 일인가요. 그에게 소설 쓰기는 돈의 힘과 인간의 품격을 저울의 양쪽 추로 놓고 균형점을 섬세하게 타진하는 작업이었잖아요. 그런데 바로 그 '돈'에 자기 얼굴이 새겨지게 되다니요. 그의 소설들에는 일 년에 '만 파운드짜리' 상품에 그치기 싫은 남자와 현금 없는 딸부잣집의 딸이 상품으로만 존재하기 싫은 여자, 사람을 물건처럼 격과 품으로 따져 그 기준에 딱딱 맞춰 움직이려다 그래서야 마음의 허기가 달래질 리 없음을 깨닫는 철없는 부잣집 딸, 부잣집 자제지만 자기 돈은 없어 버젓이 출세하지 않으면 상속권을 박탈하겠다는 부모/권력자의 위협 속에 꿈을 체념하고 무기력하게 사는 남자, 가진 돈보다 자기를 한껏 부풀리려는 사람들, 돈 앞에서 초라하거나 작아지지 않으려고, 또 돈 때문에 옹졸하거나 잔인하거나 더러워지지 않으려고 사투를 벌이는 인물들로 가득합니다. 제인 오스틴의 세상에서, 돈이 아닌 무언가를 삶에서 갈구하는 열망, 돈으로 살 수 없는 무언가를 내면에 품고자 하는 열망은 곧 인간다움의 척도입니다. 이를테면 『이성과 감성』의 에드워드 페라스가 꿈꾸는 "안온한 가정과 고요하고 사적인 생활"처럼요.

에드워드 페라스는 자신감이 없는 나머지 본연의 매력을 발산하지 못하는 남자였어요. 하지만 타고난 수줍음을 극복하고 나면 하는 행동마다 꾸밈없고 다정한 품성이 묻어나곤 했지요. 뛰어난 지성도 교육을 통해 탄탄하게 성장을 이루었고요. 다만 능력으로 보나 성정으로 보나 모친과 누나의 기대에는 부응할 수 없었답니다. 그들은 에드워드가 뭔가 고명하고도 저명한 존재가 되어주길 간절히 바랐거든요. 뭐가 되어야 할지는 자기들도 모르면서 무작정 어떤 식으로든 에드워드가 크게 출세하기를 바란 거예요. 어머니는 정치 쪽으로 아들의 관심을 돌려보려 했어요. 국회에 입성하거나 당대의 저명인사와 인맥을 쌓기를 바라서였죠. 누나인 존 대시우드 부인의 바람도 같았고요. 그래도 동생이 이런 고상한 축복을 먼 미래에 받기 전 일단 바루슈라도 한 대 몰아주었다면 누나의 야심은 금세 달랠 수 있었을걸요. 그러나 에드워드는 위인이 되거나 바루슈를 모는 데에는 관심도 재주도 없는 사람이었답니다. 그가 바라는 모든 것의 중심에는, 안온한 가정과 고요하고 사적인 생활이 있었어요.

—『이성과 감성』, 1부 3장.

이것은 아이의 취향이나 적성과 무관하게 의사나 변호사가 되라고 등을 떠미는 우리의 세계와 그리 멀지 않은 이야기입니다. 당시 상류층 멋쟁이들 사이에 유행하던 컨버터블 마차 '바루슈'를 최고급 스포츠카로 바꾸기만 하면 바로 어제 한국의 서울에서 쓴 글이라 해도 믿을 수 있을 거예요. 돈은 그때나 지금이나 우리 삶을 좌우하고, 돈 앞에서 작아지거나 돈 때문에 졸렬하거나 잔인해지지 않으려고, 삶에는 돈보다 더 중요한 무언가가 분명히 있다고 믿고 그 무언가를 지키고자 우리는 여전히 날마다 사투를 벌이고 있지 않은가요. 그러니 제인 오스틴의 작품을 읽으면 읽을수록 십 파운드 지폐에 새겨진 제인의 얼굴은 통쾌하면서도 아이러니해서 자꾸 (쓴)웃음이 날 수밖에요.

오스틴과 돈의 문제를 남달리 통렬하게 간파한 후대 작가가 있으니 바로 20세기 영국 시인 W. H. 오든입니다. 오든은 시 「바이런 경에게 보내는 편지」에서 뜬금없이 "제인 오스틴한테 편지를 쓰고 싶었는데 예를 제대로 갖추지 않고 보내면 그가 기함해서 자기를 멸시할까" 두려워 시인인 바이런 경한테 보내는 편지에 쓴다면서, "소설 창작은 시 쓰기보다 수준이 한 단계 높은 예술"이라며 제인 오스틴을 찬양하기 시작하는데요. 편지의 발상이며 수신자, 내용 모두가 웃기지만 정점인 대목은 바로 다음의 신랄한 마지막 연이에요.

당신[바이런 경]이 아무리 충격적이라도 내겐 그[제인 오스틴]만 못합니다.
오스틴 옆에서도 조이스도 풀잎처럼 순진해 보이지요.
영국 중산층 독신 여자가
사람을 사랑에 빠지게 만드는 '황동[돈]'의 힘을 묘사해서
사회의 경제적 토대를

이토록 솔직하게 이토록 정신 번쩍 나게 폭로하는 걸 보면 심기가 말도 못하게 불편해지니까요.
— W. H. Auden, "Letter to Lord Byron."

황동의 힘. 사실 저는 이 지점에서 제인 오스틴과 박완서 작가가 무척 닮아 있다고 생각합니다. "사람을 사랑에 빠지게 만드는 '황동'의 힘"이 도래하는 세계를 움직이는 진짜 힘이라는 걸 자생적으로 간파했다는 면에서요. 이 통찰은 '집 안의 여자'라는 가장 사적이고 가장 범속한 영역에서, 서구 백인 남성 중심의 문화 예술 권력이 오래도록 무시한 '속된' 불모지에서 피어났지요. 오스틴이 '노처녀'의 관점에서 세상을 보았다면, 박완서의 경우, 바로 '아줌마'*가 이 예리한 의식의 초점이 됩니다.

박완서의 단편 「맏사위」에는 이제나저제나 '과년한' 첫딸이 시집을 잘 가기만 바라면서, '의사 사위'를 바라다가 '웬만큼 부자'면 된다고 기대하다가 '남편을 닮은 남자'를 좋아하지만 않으면 된다고 생각하는 중년 여자가 등장합니다. 그는 "노고와 내핍의 지긋지긋함"을 철부지 딸에

---

* 이 멸칭들은 이 여성 작가들에게 실제 쏟아졌던 것이므로, 시대적 상황적 맥락 속에서 '의도적으로' 사용했습니다.

게 가르치는 게 자기 의무였다고 말합니다. 엄마의 잔소리에 진저리를 치던 딸은 어느 날 미대 조소과 졸업생을 사윗감으로 데려오지요. 그러자 이 여자는 "가난뱅이라도 어떤가, 의초만 좋으면 되지"라며 황급히 로맨티시스트로 돌변합니다. 그런데 딸이 사랑에 빠졌다고 덩달아 로맨스의 단꿈에 잠시 젖었던 그는 방문 밖에서 들은 딸의 말에 소스라치고, 그 딸에게서 자기 모습을 거울처럼 보게 됩니다. 돈 앞에서 흉하게 일그러진 자기 모습, 그런 자기가 다시 흉하게 일그러뜨린 딸의 모습에 소스라치게 '부끄러워'집니다.

"우리 엄마 '유'가 마음에 들었나봐. 엄만 순진하기가 꼭 애기 같다니까. 며칠 전까지만 해도 부자 사위 타령을 그렇게 하드니 언제 그랬드냐야. 그렇지만, 난 달라. 난 애초에 신데렐라의 꿈도 안 꿨지만, '유'가 마음에 쏙 들어서 결혼하려는 것도 아냐. 나는 내 분수를 처음부터 알고 있었고 분수에 맞는 사람을 찾다보니 '유'가 걸린 거야. 나라고 부자 싫어하고 예술 좋아한다고 오해하진 마. 그러니 결혼하면 정신 바짝 차려야 돼. 약속한 대로 취직운동에 발 벗고 나설 것, 알았지? 뜨내기 수입 가지고 어떻게 생활 설계를 해? 안 그래? 나도 계속해서 직장 안 고만둘 거야. 애기도 당분간 낳을 수 없어. 둘이 열심히 벌어 집 사고 최소한의 문화시설은 갖춰야 할 게 아냐. 부자는 안 바란다 치더라도 남들이 다 갖춘 최저한의 생활조건은 갖춰야 게 아냐. 나 같은 여자 만난 거 고맙거든 예술이고 나발이고 집어쳐."

— 박완서, 「맏사위」(『부끄러움을 가르칩니다』, 문학동네, 1999), 189~190쪽.

어때요, 오든은 한국의 가정주부가 쓴 이 단편에도 충격을 받았을까요? 산업혁명의 시대로 진입하고 있던 오스틴의 영국과 고도의 경제성장을 이룩하던 박완서의 한국은 너무나 닮았습니다. 양반입네 하는 계급의식도, 먹물의 자긍심도, 점령군처럼 무자비하게 세상을 장악하는 돈 앞에서 초라해지고 졸렬해졌습니다. 부동산 투기나 식민지 사업으로 하루아침에 떼부자가 되는 사람이 있는가 하면 송사로 사업을 망치거나 영지에서 터무니없이 쫓겨나 삽시간에 하층민으로 전락하는 사람도 있었습니다. 무시무시한 불안과 희망이 교차했습니다.

오스틴과 박완서는 돈이 휘젓는 그 불안과 희망의 소용돌이 속에서 인간이 참 우습고도 짠하고 초라한 존재로 전락하는 슬픔을 똑똑히 지켜보되 꿋꿋이 다정과 사랑의 가능성을 꿈꾼 작가들입니다. 돈이 세계를 장악하는 역사적 시점에서, 이들은 돈의 힘을 넘어서서 사람이 되고 사람끼리 연결되고자 하는 이 뜨거운 열망을 포착하는 글쓰기를 발명했고, 향후 영국과 한국의 소설 '신(scene)'을 완전히 바꾸어놓은 작가들입니다.

저는 이 두 작가의 엄밀하고도 다정한 마음, 세계의 진짜 갈등을 알아보는 혜안, 철두철미하게 독창적인 작법에 늘 감탄하고 감탄하고 또 감탄합니다. 문학과 예술이 오래 무시해온 범속한 장소에서 혼자 책을 읽으며 자생적으로 발화한 이 작가들의 목소리들은 기적 같습니다. 제 머릿속에는 제인 오스틴과 박완서 사이에 놓인 보이지 않는 가교가 있습니다. 무엇보다 이들은 다가온 미래, 즉 우리가 지금 살고 있는 이 세상의 진짜 투쟁을 알아보았습니다. 바로 "사람을 사랑에 빠지게 만드는 '황동'의 힘"이라는 문제였지요.

카를 마르크스가 『자본론』을 발표한 시기가 제인 오스틴이 세상을 떠나고 정확히 오십 년 후였다는 것을 생각하면, 이 작가적 혜안은 실로 놀라울 뿐입니다.

'공기'의 말을 꿰뚫어 보는 연습

클래식 음악 연주가 중에는 '전작주의자'라 불리는 이들이 있습니다. 라흐마니노프의 협주곡 전곡, 베토벤 소나타 전곡 등 한 작곡가의 작품 전곡을 연대기순으로 연주해 녹음하거나 공연하는 작업을 선호하는 연주가들이지요. 우리나라에서는 피아니스트 백건우나 현악사중주단 노부스 콰르텟이 전작주의자로 유명합니다. 이들처럼 작곡가의 전작을 파고들면 개별 곡을 분석할 때 잘 보이지 않던 의미 요소들이 연결되어 보이면서 한 단계 더 깊은 음악의 층위를 발견할 수 있다고 합니다.

앞서 말씀드렸다시피 고전 번역은 클래식 음악 연주와 여러모로 참 비슷한 작업 같아요. 이번 제인 오스틴 새 번역 프로젝트는 제게 '전작주의'의 진의를 새삼스레 다차원적으로 이해하게 해준 귀한 경험이기도 합니다. 정해진 시한 내에 여러 작품을 순차적으로, 집중적으로 읽어 나가면서 비평과 사료를 함께 공부해 다각도에서 텍스트를 분석하고 일주일에 한 번씩 뉴스레터를 쓰는 작업을 병행하다보니, 작가와 독자의 현전을 정말 특별하게 감각하게 되거든요. 작가는 18세기 영국에, 독자는 21세기 한국에 있으므로, 매일 한 문장 한 문장을 옮겨 쓰다보면 작가와 독자 사이의 한없이 멀고도 한없이 가까운 그 기이한 거리를 두뇌에서 손끝까지 말 그대로 온몸으로 겪고 그 간극 위에서 줄타기를 하려 애쓰게 됩니다. 그래서 일하는 동안은 매 순간 낱말과 문장이라는 미시적 단위에 골몰하게 되지만, 여러 작품을 이런 식으로 겪다보면 불가피하게 이 미시적 단위들의 기억이 몸에 쌓이고, 어느 순간 각 소설을 한 편 한 편 따로 읽을 때 스쳐 지나갔던 낱말들이나 표현들이 갑자기 서로 연결될 때가 있어요. 퍼즐 조각이 맞춰지듯, 머릿속 전구에 팍 불이 들어오면서, 작가의 의도가 문득 명징하게 떠오르는, 그런 신나는 순간 말이에요. 그러면 조금 높고 먼 자리에서 훨씬 더 큰 그림을 조망하게 됩니다.

그렇게 작업하면서 제가 찾아낸 연결 고리 하나, 제인 오스틴의 초기 소설에서 중요한 기능을 하는 한 단어에 관해 말씀드리고 싶어요. 오스틴이 연달아 쓰고 퇴고한 소설인 『이성과 감성』, 『오만과 편견』은 주제나 작법, 인물 등 여러 면에서 공통점이 많은데요. 그중에서도 아주 특별한 쓰임새를 갖는 단어가 하나 있어요. air, 바로 공기입니다. 오스틴 소설의 맥락에서 이 말은 사람의 외양이 발산하는 분위기를 말합니다. 그리고 이 air라는 단어는 제인 오스틴의 초기 소설에서 특정한 유의 인물들을 묘사할 때 꼭 등장한답니다. 먼저 다음의 인용문을 읽어보세요.

말을 탄 한 남자가 그들 쪽으로 달려오고 있었던 거예요. 몇 분 후에는 신사의 모습이 눈에 들어왔지요. 이내 메리앤이 황홀한 기쁨에 휩싸여 외쳤습니다.

"그이야. 그이가 틀림없어—내가 알아!"—그러더니 서둘러 그를 맞으러 달려가려는데 엘리너가 소리쳤어요.

"아니야, 메리앤, 아무래도 네가 사람을 잘못 본 것 같아. 윌러비가 아니야. 저 사람은 그렇게 키가 크지 않고 특유의 당당한 태도(his air)도 없잖아."

"아냐, 있어. 맞아." 메리앤이 소리쳤어요. "확실해. 그이의 분위기, 그이의 코트, 그이의 말이야.(his air, his coat, his horse.)" 그이가 금세 올 줄 나는 알고 있었어."

— 『이성과 감성』, 1부 16장.

윌러비와 헤어진 후 상심해서 울적하게 지내던 메리앤이 산책을 나갔다가 다른 사람을 윌러비로 잘못 알아보는 장면인데요. 여기서 윌러비의 특징을 묘사하는 단어들을 잘 살펴보세요. 공기와 코트와 말, 모두 본성(nature)이나 인격(character)과 무관한 피상적 기호들인데 그중에서도 air가 제일 먼저 호명됩니다. 그럼 『오만과 편견』에서 또 다른 청년이 등장하는 다음 대목을 볼까요?

> 하지만 머지않아 아가씨들의 눈길이 일제히 한 청년에게 꽂히고 말았어요. 일전에 한 번도 본 적 없는 그 청년은 세상 누구보다 신사다운 외모였고, 길 건너편에서 한 장교와 나란히 걷고 있었지요. 장교는 리디아가 런던에서 돌아왔는지 소식을 들으러 온 바로 그 데니 씨였고, 지나치는 길에 그들을 보고 고개 숙여 인사를 했답니다. 다들 낯선 청년의 분위기(the stranger's air)에 깊은 인상을 받고는 대체 누구일까 궁금해했어요.
> ―『오만과 편견』, 1부 15장.

근사한 분위기로 모든 여성의 이목을 끈 이 낯선 청년의 이름은 물론 위컴 씨입니다. "외모의 덕을 크게 보는 사람이었어요. […] 생김새 하나하나 최고로 아름답고 표정도 섬세하고 자태도 훌륭한 데다 말투도 사근사근 호감을 끌었지요." 그가 속한 군인 무리 역시 몸매, 얼굴, 분위기(air), 걸음걸이가 빼어나고 매력적입니다. 하지만 사람이 발산하는 이 공기, 이 분위기는 언제나 실체와 다르거나, 실체가 없는 것으로 드러납니다.

윌러비와 위컴이 공유하는 이 단어 air는 제인 오스틴의 소설에서 유혹하는 수사이고 위험한 함정입니다. 오스틴의 여자 주인공들은 남자를 텍스트처럼 읽는 연습을 해야 하고, 이 과정이 바로 성장입니다. 충실한 페넬로페가 기다리는 집으로 돌아가는 길에 괴물들의 유혹이라는 암초를 만나는 오뒷세우스처럼, 대시우드 자매도 베넷 자매도 처음에는 실체가 없는 공기(air)로 유혹하는 암초에 홀리는 실수를 저지릅니다. 하지만 이 오독의 실수를 딛고 사람/텍스트를 제대로 읽는 연습을 한 결과 충실하고 변함없는 고향 같은 남자들을 (다시) 알아보고 마침내 귀향의 미션에 성공하지요.

유혹하는 사회적 기표에 속지 않고 은폐된 저변의 사적인 진의를 읽어내는 능력, 겉으로 판단할 수 없는 진짜 인격을 꿰뚫어 보고 판별하는 눈, 그 참된 아름다움과 사랑에 빠지는 것, 이것이 제인 오스틴 소설의 진짜 미션입니다. 수사의 저의를 읽어내는 지성과 선을 사랑하는 도덕적 감정을 동시에 훈련하는 교육적·계몽적 텍스트인 것입니다.『오뒷세이아』에서 유혹하는 칼립소와 충실한 페넬로페가 기표이고 상징이듯이『이성과 감성』의 유혹하는 윌러비와 충실한 브랜던,『오만과 편견』의 유혹하는 위컴과 충실한 다아시도 분명 기표이고 상징입니다. 저는 이것이 제인 오스틴의 눈부신 성취라고 생각합니다. 여성의 의식을 중심에 놓고 세상을 텍스트화해 제대로 읽는 연습을 하는 교육적 서사의 틀을 발명했기 때문이지요. 이 사랑의 이야기들에서는 여자가 아니라 남자가 기호화됩니다. 읽는 주체가 아니라 읽히는 텍스트, 기호와 상징이 됩니다.

오스틴의 소설에서 air는 모두 기의와 어긋난 기표, 혹은 아예 기의가 없는 기표들로 얼룩져 있습니다. 다아시는 제인과 빙리의 결혼에 반대한 이유를 설명하며 "당신 언니의 표정과 분위기(air)"가 너무 차분해서 특별히 빙리에게 마음이 없는 줄 알았다고 말합니다. 어리석고 멍청한 콜린스 씨는 현학적인 분위기를 풍깁니다. 물론 air가 남자를 묘사할 때만 쓰이는 표현은 아니에요. 이를테면 돈으로 지위를 산 가문이면서도 캐럴라인 빙리는 "확고하게 상류층의 분위기(an air of decided fashion)"를 과시하고요. 에드워드와 엘리너 사이를 가로막는 루시 스틸 역시 획획 바뀌는 "분위기(air)"로 매혹하는 여자로 그려지거든 요. 하지만 무엇보다 의미심장하게도, 가디너 부인은 엘리자베스에게 다아시의 오만한 면모는 "분위기에만 한정되어(confined to his air)" 있다고 평합니다. 그러니 현대 영어에서 허세를 부린다든가 잘난 척한다는 의미에서 put on airs라는 표현을 쓰는 것도 이제 이해가 되지요. 이 airs는 정말 아무것도 아닙니다. 삶에서도 아무 의미가 없고 그 사람의 가치나 행복에도 아무 의미가 없지요.

제인 오스틴의 초기 소설에서 air는 기호들이 교란되는 혼탁한 대기입니다. 이처럼 불투명하게 왜곡된 소통 환경에서는 도덕과 정의, 사랑을 이루는 일이 불가능합니다. 오스틴이 air를 쓰는 방식은 윌리엄 셰익스피어를 연상시키는 면이 있어요. 셰익스피어는 공상과 상상이 만들어낸 기호들을 "공기 같은 헛것(airy nothing)"이라고 표현하거든요. 『맥베스』의 첫 장면에서 마녀들이 등장해 그 유명한 주문을 외우는 장면에서 air가 쓰이는 맥락은 의미심장합니다.

공정한 것은 더러운 것이고 더러운 것은 공정하다.
[아름다운 것은 추하고 추한 것은 아름답다.]
안개와 오염된 공기를 헤치고 떠다니자.

Fair is foul and foul is fair.

Hover through the fog and the filthy air.

— William Shakespeare, *Macbeth*, Act 1, Scene 1.

결코 동일할 수 없는 언어들을 동일하다고 주장하는 이 흑마법의 주문을 통해, 마녀들은 투명한 소통의 필요조건인 말의 정의를 어지럽힙니다. 공정한(도덕적인)/아름다운(선한) 것과 더럽고(부도덕한)/추한(악한) 것이 다 같다고 주장하면서 공기를 두꺼운 안개로 뒤덮고 오염시킵니다. 기표와 기의를 분리하는 수사들로 더러워져서 더 이상 말이 말이 아니게 되어버리면, 다음에는 유혹에 넘어가는 권력과 욕망만 남습니다. 이러한 언어 도단의 대기에서 폭군 맥베스의 공포정치가 탄생합니다. 윌리엄 셰익스피어는 "공기 같은 헛것"들이 정치적 발화의 영역에 들어오면 반드시 폭정이 탄생한다고 믿었습니다.

오도하고 유혹하는 오염된 air는 위험합니다. 사람의 인생을 망가뜨리고 국가의 기반을 뒤흔들 수 있기 때문이지요. 우리는 어지러운 궤변에 휘둘리지 않고 주체적으로 맑은 소통을 이루기 위해 읽기 연습을 해야 합니다. 수사학의 유혹에 흔들리지 않는 읽기는 언제나 주체의 교육에 필요 불가결한 훈련이었습니다. 제인 오스틴의 소설은, 여성의 의식에 초점을 맞춰 섬세한 뉘앙스를 더듬어가며 오류와 시행착오를 통해 사람/세계/텍스트를 제대로 읽는 능력—도덕적 감정과 지적 판단력—을 교육하는 훌륭한 교본입니다.

운명을 스스로 개척한 여자들

윌러비가 다른 여자와 결혼한다는 비보를 들고 온 제닝스 부인은 브랜던 대령을 메리앤의 새 신랑감으로 밀기 시작합니다. 대령의 좋은 조건을 열렬히 홍보하던 부인은 "어린 혼외자"를 깜박 잊었다가 "도제 수업을 받게 하면 돈도 얼마 안" 든다고 말하지요. 선의로 똘똘 뭉친 부인의 이 심드렁한 말이 얼마나 무자비하고 폭력적인지, 이 순간 독자가 화들짝 소스라치며 깨닫게 되는 건 아마도 작가의 시선 때문일 겁니다.

제인 오스틴의 세계에서 신사의 혼외자나 물려받은 재산이 없는 자식들은 자기 운명을 스스로 개척해야 했습니다. 본국에서 저버리다시피 한 그들에게 두 번째 기회를 준 것은 팽창하는 제국이었지요. 나폴레옹전쟁과 동인도 회사는 무일푼이지만 자존심이 강한 청년들을 빨아들였습니다. 제인 오스틴의 언니 커샌드라의 약혼자 토머스 파울 역시 결혼 자금을 마련하기 위해 서인도제도에 군목으로 갔다가 황열병에 걸려 세상을 떠났지요. 엄청난 위험을 감수해야 했지만, 아들들은 그래도 해군에 입대하고 군목이 되고 사업을 벌여 세계에서 자기 자리를 찾을 수 있었습니다. 하나 운이 없는 신사의 딸들은 어떻게 되었을까요?

여기 한 가지 사례가 있습니다. 부모를 일찍 여읜 세실리아 윈은 영국을 떠나 벵골로 향합니다. 자신을 어서 결혼시키고 책임을 벗으려는 부자 친척 어른에게 떠밀려 이른바 "낚시 선단(Fishing Fleet)"이라 불리는 배에 몸을 싣게 된 것입니다. 물론 물고기가 아니라 남편감을 낚는 임무를 띠고요. 영국에서 동인도제도에 이르기까지 육 개월의 여정은 말할 수 없이 험난하고 고생스럽습니다. 아름다운 세실리아는 나이는 많지만 재산도 굉장히 많은 남자와 결혼해 '당당히' 목적을 달성하고 돌아옵니다. 하지만 사람들은 "화려하지만 불행한 결혼"이라고 입방아를 찧습니다. "운도 참 좋다"고도 쑥덕입니다. 여기에 대고 한 친구는 이렇게 말합니다. "천재성과 감수성을 지닌 여자가 남편을 찾아 벵골까지 가서, 판단력이 있다 한들 인성을 판단할 기회도 없이 폭군일지 바보일지 모르는 남자와 결혼해야 하는데, 그걸 행운이라고 하는 거야?" 그러자 다른 친구가 냉소적으로 대답하지요. "동인도제도로 남편 찾으러 간 게 그 애가 처음도 아닌데 뭐. 내가 그만큼 가난했다면 상당히 재밌는 일일 것 같은걸."

이 이야기는 허구입니다. 1792년 열일곱 살이었던 제인 오스틴이 쓴 습작 소설 「캐서린 또는 화원 이야기」에 등장하는 곁가지 일화이지요. 하지만 세실리아와 메리 윈 자매의 상황은 오스틴의 고모들이 직접 겪은 그대로랍니다. 아버지 조지 오스틴에게는 누나와 여동생이 있었는데, 세 남매는 마치 동화처럼 어린 시절 어머니를 잃고 계모에게 구박을 받다가 매정한 친척 집으로 쫓겨나고 맙니다. 아들 조지 오스틴은 대학에 진학해 목사가 되었지만, 누나 필라델피아는—브랜던 대령의 혼외자를 두고 제닝스 부인이 얘기한 그대로—열다섯 나이에 모자 제작 장인의 도제로 보내지지요. 막냇동생 리어노라는 어느 돈 많고 외로운 귀부인의 말 상대를 해주는 일자리를 구해 흡사 『맨스필드 파크』의 패니 프라이스처럼 대저택에서 객식구로 살게 됩니다. 하지만 아름답고 모험심 넘치는 필라델피아는 모자를 만들어 팔며 여생을 보낼 수 없다고 판단해 "낚시 선단"에 몸을 싣습니다. 당시 여성 모자 제작자들의 노동조건은 형편없었습니다. 그 때문에 여자들이 부업으로 성매매를 하는 일도 흔했다고 합니다. "코번트 가든의 모자 만드는 여자"라는 표현이 성매매 여성을 지칭하는 은어로 쓰이기까지 했으니까요. 제인 오스틴의 고모 필라델피아는 자신이 갇힌 운명에서 탈출을 결심하고 또 성공했습니다. 말하자면 제인 오스틴은 조지 왕조 시대의 결혼 시장에서 여자들이 다반사로 겪는 가혹한 부조리는 물론 매정한 현실에 맞서 놀랍도록 용감하게 자기 운명을 개척한 여자들의 삶을 아주 가까운 거리에서 목격했고, 이런 경험을 바탕으로 십 대 습작 시절부터 이미 냉정하면서도 풍자적인, 작가로서의 고유한 관점을 정립했던 것입니다.

필라델피아 오스틴, 즉 제인 오스틴의 '필라' 고모는 머나먼 이국에서 운명의 고삐를 자기 손으로 쟁취합니다. 1752년 다른 "열 명의 미인"과 함께 남편을 찾아 봄베이캐슬호에 올랐던 필라는 얼마 후 타이소 행콕이라는 부유한 의사와 결혼했거든요. 무일푼으로 온종일 모자에 깃털을 붙이던 재봉사 아가씨는 이제 캐시미어 숄과 고급 실크를 두르고 수십 명의 하인을 거느리게 되었지요. 하지만 점잖고 매력 없는 타이소가 필라의 인생에서 유일한 남자는 아니었던 것 같아요. 필라와 타이소 행콕 부부는 캘커타

(지금의 콜카타)로 이주하면서, 동인도 회사에 서기로 입사했다가 초대 인도 총독이 된 입지전적 인물 워런 헤이스팅스를 만나 친분을 맺게 되는데요. 훗날 오래 아이를 갖지 못했던 부부가 느지막이 낳은 딸 일라이자가 사실 헤이스팅스의 아이라는 소문이 파다하게 퍼졌답니다. 흥미롭게도 워런 헤이스팅스는 소문을 부인하지도 인정하지도 않고 일라이자의 대부로서 끝까지 사랑과 후원을 아끼지 않았습니다.

당돌한 필라 고모와 비범한 딸 일라이자 행콕은 제인 오스틴의 잔잔한 세계에 파란만장한 드라마를 선사해주었습니다. 특히 일라이자 행콕은 제인 오스틴의 허구적 상상력에 조금 더 직접적으로 영향을 미쳤습니다. 부모의 전폭적 지지를 받아 최고의 교육을 받은 일라이자는 그림, 음악, 자수뿐 아니라 수학과 글쓰기에도 뛰어난 매력적인 여자였어요. 일라이자는 아버지가 세상을 떠나자 어머니 필라와 함께 유럽 전역을 여행한 후 1779년 파리에 도착하게 됩니다. 베르사유궁에서 프랑스 왕족을 만나기도 했던 일자이자는 하프를 켜는 자신의 초상화를 작은 상아에 그려 삼촌 조지 오스틴의 목사관에 선물로 보내주지요. 그리고 일 년 후 프랑스 귀족(이라고 주장하는) 변호사 장프랑수아 카포 드 푀이드와 결혼합니다. 푀이드 백작 부인이 된 일라이자는 1786년 스티븐턴의 목사관을 방문했고 열한 살이었던 제인 오스틴은 인도와 유럽의 이야기보따리를 들고 온 이 매력적인 사촌 언니에게 홀딱 반하고 말았지요. 이 언니는 당시 제인이 제일 좋아하던 소설인 새뮤얼 리처드슨의 『찰스 그랜디슨 경』에 등장하는 샬럿 그랜디슨의 화신이었거든요.

일라이자(엘리자베스)라는 이름은 제인 오스틴의 초기 소설에서 모험과 재기, 가끔은 스캔들에 근접하는 위험한 (성적) 호기심의 기호로 등장합니다. 『오만과 편견』에 등장하는 엘리자베스 베넷, 『이성과 감성』에서 윌러비에게 희생된 일라이자가 그렇습니다. 실제로도 일라이자 행콕은 끝까지 제인 오스틴의 상상력에 불을 지피는 삶을 살았습니다. 일라이자는 첫 남편 푀이드 백작이 프랑스혁명기에 단두대의 이슬로 사라지자 영국으로 돌아와 제인이 가장 좋아했던 매력 만점의 오빠 헨리 오스틴과 다시 결혼했기 때문이지요. 헨리 오스틴은 일라이자보다 열 살 어렸습니다.

동인도제도도 낚시 선단 이야기도 습작을 제외하면 제인의 주요 소설에 직접 등장하지는 않습니다. 하지만 윌러비와 메리앤이 나이 많은 브랜던 대령을 두고 농담을 할 때 적극 두둔하고 나서는 엘리너의 입장을 통해서, 우리는 제인 오스틴이 다른 사람의 경험이라는 창문으로 엿본, 저 바깥의 훨씬 더 넓은 세계에 어떤 시선을 보냈는지를, 또한 그가 진정 중요하게 생각했던 가치가 어떤 것이었는지를, 짐작할 수 있습니다. 부든 신분이든 젊음이든 아름다움이든 가진 자들이 편협한 우월감을 드러내며 타자를 모멸하는 순간, 제인 오스틴의 예리한 작가적 시선은, 늘 잠시 멈춰 똑바로 바라보며 머무릅니다. 그러면서 현상에 안주하지 않고 더 넓은 세상으로 나아가 더 많이 보고 더 많이 알고 더 많이 경험하고자 하는 뜨거운 열망을 숨김없이 드러내지요. 오스틴의 소설에 스민 이 열망은 언제나 우리 마음에 알싸한 여운을 남깁니다. 바로 그것이 필라 고모와 사촌 일라이자의 모험이 제인 오스틴의 문학에 남긴 작은 발자국일지도 모릅니다.

"언니는 대령을 싸고도느라 무례한 언사까지 서슴지 않네."
"내가 싸고돈다는 그 사람은, 정도를 아는(sensible) 사람이야. 그리고 분별력(sense)은 언제나 내겐 매력적이지. 그래, 메리앤, 심지어 서른에서 마흔 사이의 남자라도 마찬가지야. 그분은 세상을 아주 많이 봤고 잘 아는 분이야. 해외에 나가본 적도 있고. 책도 많이 읽고 사유하는 정신의 소유자이시지. 여러 다양한 주제에서 내게 많은 정보를 제공해주실 수 있는 분이기도 해. 내가 뭔가 물어보면 항상 훌륭하게 교육받고 타고난 천성도 선한 사람답게 흔쾌히 대답해주신단 말이야."

"그 말은 그러니까, 동인도의 기후는 뜨겁고 모기들 때문에 짜증 난다는 말을 해줬다는 거구나." 메리앤이 경멸조로 말했지요.

"내가 그걸 물어봤다면, 당연히 그런 대답도 해주셨겠지. 하지만 그런 건 내가 이미 알고 있던 바라서."

"그렇다면 아마 인도에는 대부호들이 있고, 금화도 많고, 다들 팰런킨을 타고 다닌다는 고견을 피력하셨을지도요." 윌러비가 끼어들었어요.

"그분의 고견은 당신의 거침없는 판단보다는 훨씬 더 깊고 넓었다고 감히 말하고 싶네요. 대체 왜 그리 그분을 싫어하는 거죠?"

—『이성과 감성』, 1부 10장.

연극 마니아 제인과 오스틴 마니아[*]

1995년 영국의 공영방송 BBC에서 늘 그랬듯 또 한 편의 고전소설을 드라마 시리즈로 각색해 방영하기로 했습니다. 늘 그랬듯 노련한 각색 전문가 앤드루 데이비스가 대본을 맡았고요. 그런데 그때 그는 조금 신기한 관점을 택했습니다. 원작의 테마인 "돈과 섹스"에 방점을 두어 "현실적인 사람들이 나오는 참신하고 생생한 이야기"를 전달

---

[*] 작가 제인 오스틴의 열혈 팬덤을 묘사하는 단어는 제이나이트(Janeite)와 오스틴 마니아(Austen Mania)입니다. 19세기에 생겨난 조어 제이나이트가 열혈 '독자'들을 일컫는다면, 오스틴 마니아는 주로 BBC의 〈오만과 편견〉에서 시작된 영화나 드라마 각색 붐, 그 현상 자체 혹은 이를 계기로 오스틴에 푹 빠져버린 새로운 팬덤을 일컫지요. 이 팬들은 자신들의 열정이 트레키(〈스타트렉〉 팬덤)와 후비언(〈닥터 후〉 팬덤)에 뒤지지 않는다고 자부한답니다.

하겠다고 말했거든요. 사람들은 회의적이었지요, "흠, 돈은 몰라도 섹스라고?" 하지만 데이비스는 꿋꿋이, 남자 주인공이 땀 흘리며 말을 타고, 목욕을 하고, 사냥개들을 거느리며 사냥을 하고, 흰 셔츠를 걸친 차림으로 영지의 호수에 뛰어드는 장면을 슬몃슬몃 넣기로 했습니다. 하지만 몇몇 장면들만 제외한다면 각색은 BBC답게 원작에 지극히 충실했기에, 모두가 또 한 편의 고리타분한 고전소설 드라마가 세상에 나온다고만 여겼답니다. 이 드라마가 몰고 올 무시무시한 광풍을 예견한 사람은 아무도 없었지요. 그러나 방영이 시작되고 난 뒤 시청자들의 반응은 상상을 초월했습니다. 과거의 어떤 BBC 드라마보다도 파급력이 컸던 것이에요. 방영 시간에는 영국 전역의 도로에서 차량 통행량이 뚝뚝 떨어졌습니다. 배우 콜린 퍼스의 '젖은 셔츠'는 불세출의 '밈'이 되었고, 결국 영국에서만 천만 명을 훌쩍 상회하는 전설적인 시청 기록을 세웠습니다. 다들 너무나 놀랐습니다. 제인 오스틴이 섹시하다니! 그래요, 콜린 퍼스가 다시 역할을 맡은 드라마 〈오만과 편견〉은 영국 방송사에서 여전히 깨지지 않을 전설로 남아 있습니다.

하지만 이 엄청난 열광은 영화 스크린과 TV 브라운관을 휩쓴 '오스틴 마니아' 현상의 시작에 불과했어요. 같은 해에 『이성과 감성』도 낭만적인 영화 〈센스 앤 센서빌리티〉로 재탄생했거든요. 영국 배우 에마 톰슨이 각색하고 대만 출신 이안 감독이 연출했습니다. 캐스트는 화려했습니다. 〈타이타닉〉의 케이트 윈즐릿이 격정적이고 감수성 예민한 메리앤 역할을 맡았고 휴 그랜트가 수줍고 우유부단한 에드워드로 출연했으며 앨런 릭먼이 진중하고 속 깊은 브랜던 대령 역할이었지요. 이 영화는 아카데미상 일곱 개 부문의 후보로 지명되었고 에마 톰슨은 각색상을 손에 넣었습니다. 다음 타자는 남아프리카공화국 출신 로저 미첼 감독의 데뷔작 〈설득〉이었어요. 로저 미첼은 '작가의 극장'이라 일컫는 로열코트극장과 로열셰익스피어극단에서 연출가로 수련한 감독으로 영국 무대의 전통을 누구보다 잘 이해하고 있었습니다. 거친 리얼리즘과 어맨다 루트의 명연으로 화제가 된 〈설득〉은 1995년 BBC에서 TV 영화로 방영되어 당해 BAFTA(British Academy Film and Television Awards) TV 단막극 부문을 수상했고, 미국에서도 개봉되어 큰 성공을 거두었습니다. 이듬해인 1996년에는 귀네스 팰트로가 주연을 맡은 영화 〈에마〉가 바통을 이어받았고, 완성도에는 아쉬움이 있다는 평을 받았으나 역시 흥행에서는 대성공을 거두었지요. '오스틴 마니아'는 걷잡을 수 없이 퍼져나갔습니다. 『오만과 편견』이

개를 주인공으로 내세워 각색된 만화(〈위시본〉)로 나오기도 하고, 『이성과 감성』이 LA 베벌리힐스를 배경으로 라틴풍 영화로 각색되기도 하고(〈프롬 프라다 투 나다〉), 『에마』가 미국 고등학교를 배경으로 한 영화로 재탄생하기도 했지요(〈클루리스〉). 『오만과 편견』은 좀비가 창궐하는 세계로 옮겨지기도 했고(〈오만과 편견 그리고 좀비〉), 현대의 런던이나(〈브리짓 존스의 일기〉) 뉴욕(〈유브 갓 메일〉)이나 인도(〈신부와 편견〉)로 옮겨져 각기 대성공을 거두기도 했습니다. 2005년 조 라이트 감독이 키라 나이틀리와 함께 찍은 아름다운 영화 〈오만과 편견〉은 기억하시겠지요? 리스트는 이렇듯 끝없이 이어지는데, 2026년에는 『이성과 감성』이 새로운 영화로 선을 보이고 넷플릭스에서도 『오만과 편견』을 새로이 각색해 방영한다고 하니, 앞으로도 제인 오스틴 작품의 영상화는 계속될 것 같습니다.

하지만 저는 오래도록 한 가지 의문점을 갖고 있었어요. 제인 오스틴의 작품들은 어째서 이토록 시각 매체로 옮겼을 때 성공 확률이 높을까요? 훌륭한 소설일수록 사실 영화화하기 어렵거든요. 아름다운 문장, 섬세한 묘사, 행동으로 드러나지 않는 복잡한 내면의 사유와 심리—소설이라는 장르가 갖고 있는 이런 강점은 영화화할 때 높은 장벽으로 작용합니다. 소설의 거장들, 이를테면 에밀리

브론테, 찰스 디킨스, 레프 톨스토이, 마르셀 프루스트, 버지니아 울프… 드라마나 영화로 만들기 까다롭기로 정평이 나 있는 작품들을 남긴 작가들이지요. 그런데 제인 오스틴의 경우에는, 표면의 플롯 차원에서도, 심층 심리의 차원에서도, 영화화되었을 때 소실되지 않고 여전히 작동하는 강력하게 극적인 속성이 분명히 있습니다. (앞서 말씀드린 무수한 스핀오프들과 각색작들이 대부분 성공했다는 사실이 말해주듯이요.) 어째서 그럴까요?

저의 오랜 궁금증에 전구가 탁 켜지는 듯한 통찰을 준 책을 얼마 전 읽게 되었는데요. 폴라 번이 저술한 『제인 오스틴의 천재성』이었습니다. 폴라 번은 제인 오스틴과 관련한 다양한 자료들을 엄청난 열정과 끈기로 긁어모아 완벽하게 새롭고 설득력 있는 주장을 펼치고 있는 학자인데요. 이 학자가 새롭게 부여한 이 생동감 넘치는 제인 오스틴의 작가적 색채야말로, 제가 새로 전작을 번역하고 싶고 또 할 수 있겠다고 믿게 해준 동인 중 하나입니다. 특히 그는 오스틴의 글쓰기에 셰익스피어로부터 비롯된 영국의 강력한 연극적 전통이 엄청난 영향력을 미쳤다고 주장하고 있답니다. 그러고 보면 실제로 오스틴의 소설에서는 당대 엄청난 인기를 끌던 월터 스콧 경이나 앤 래드클리프의 작품들에서 볼 수 있는 장황한 공간 묘사를 찾아볼 수 없습니다. 인물의 성격이나 심리도 서술보다는 말이나 행동을 통해 극적으로 드러나지요. 이를테면 『이성과 감성』의 이런 장면을 보세요.

이튿날 대시우드 자매가 파크의 응접실 문을 열고 들어서는데, 다른 쪽 문에서 파머 부인이 뛰어들어왔어요. 전날과 변함없이 서글서글하고 명랑한 얼굴로요. 애정을 담뿍 담아 그들의 손을 잡더니 다시 만나서 기쁘기 그지없다고 열렬히 반가움을 표했지요.

"만나 뵈니 정말 좋네요!" 엘리너와 메리앤 사이에 자리를 잡으며 파머 부인이 말했어요. "날씨가 너무 나빠서 두 분이 안 오실까봐 걱정했거든요. 그랬다면 충격이었을 거예요. 우리는 내일 다시 떠나야 하거든요. 꼭 가야 하는 게, 글쎄 웨스턴 가족이 다음 주에 우리 집에 오기로 해서요. 애초에 우리가 온 것부터가 갑작스러운 일이라, 마차가 문 앞에 도착할 때까지 전 아무것도 모르고 있었는데, 그때 파머 씨가 같이 바턴에 가자고 하지 뭐예요. 그이는 정말 짓궂어요! 나한테 뭘 말해주는 법이 없다니까요! 우리가 더 오래 머물 수 없는 게 안타까울 따름이에요. 하지만 머지않아 다시 런던에서 만나게 되면 정말 좋겠어요."

자매는 그런 기대를 꺾어버릴 수밖에 없었어요.

"런던에 안 가신다고요!" 파머 부인이 탄성을 지르며 소리 내어 웃었어요. "그럼 저 정말 실망할 거예요. 제가 세상에서 제일 좋은 집을 두 분께 구해드릴게요. 하노버 광장에 있는 우리 집 바로 옆집이에요. 정말로, 꼭 오셔야 해요. 대시우드 부인께서 사교계에 나가고 싶지 않으시다면, 제가 몸조리 들어갈 때까지는 언제든 기꺼이 샤프롱 역할을 해드릴게요."

자매는 감사하다고 인사했지만, 그런 간청도 모두 거절할 수밖에 없었지요.

"오! 사랑하는 우리 여보." 파머 부인이 막 방에 들어온 남편을 보고 말했지요―"미스 대시우드 자매 분들께 올겨울에 꼭 런던에 오시라고 설득하고 있는데 당신도 좀 도와줘요."

파머 부인의 사랑하는 여보는 아무 대답도 하지 않고, 숙녀들에게 살짝 고개만 숙이더니 날씨가 형편없다고 불평하기 시작했어요.

―『이성과 감성』, 1부 20장.

흡사 영상물의 대본처럼 대사와 행동만으로 모든 인물의 성격이 드러날 뿐 아니라, 카메라가 움직이듯 자연스럽게 시점이 전환되고, 인물들의 얼굴, 표정, 동선마저 눈으로 보듯 그려집니다. 영화의 시대가 도래할 것을 미리 알고 있었던 작가 같아요.

그렇다면 문학 텍스트의 번역가는 이런 정보로부터 어떤 도움을 받을 수 있을까요? 작가나 시대나 텍스트에 대해 많이 안다고 해서, 한 문장 한 문장 옮기는 작업 자체가 그리 많이 달라질까, 하고 의문이 들 수도 있어요. 하지만 제 경우에는, 작가에 대해 많은 것을 알게 되면 텍스트 해석의 뉘앙스를 미세 조정할 때 방향을 더 잘 잡게 되는 것 같아요. 앞에서 살펴보았듯 제인 오스틴 문체가 지닌 특별한 연극적 속성을 잘 파악한다면, 무엇보다 인물 간의 '대화'를 생생하게 살리는 것이 중요하다는 판단을 내릴 수 있어요. 각 인물에게 맞는 목소리로, 눈앞에서 배우들이 연기를 하듯, '입말'을 살려야 한다는 판단을요. 둘째, 오스틴의 서술자에게 거리감을 두는 전지적 화자의 목소리가 아니라 사사건건 감정과 판단을 품고 끼어드는 '인격'을 부여하는 게 좋겠다고 판단한 데에도 이런 정보가 영향을 주었어요. 젊은 제인 오스틴과 크게 다르지 않은 초기 소설의 서술자가 소설 밖에서 바라보는 전지적 화자가 아니라 소설의 세계에 감정적으로 연루되는 등장인물 중 하나에 가깝다는 심증을 굳히게 되었거든요. 마지막으로, 제인 오스틴이 연극에 푹 빠져 살았고 특히 『이성과 감성』 재교를 보던 당시 런던의 연극계를 섭렵하며 배우 '덕질'을 하는 중이었다는 사실을 알고 있다면, 번역가는 다음과 같은 신기한 표현을 마주쳤을 때 상당히 흥미로운 선택을 할 수가 있게 됩니다.

> 다행히 마침 그 생각이 떠올라준 덕분에 축 처졌던 메리앤의 기분은 남김없이 회복되었어요. "사냥 좋아하는 남자들한테는 정말 매혹적인 날씨겠어요." 메리앤은 말을 이어가면서 행복한 표정으로 아침 식탁에 앉았어요. "얼마나 재밌게 사냥하고 있을까요! 하지만, <u>(살짝 불안감이 돌아오는 듯)</u> 오래갈 리가 없잖아요. 계절도 그렇고 비도 연달아 그리 내렸으니, 분명히 이런 날씨를 보는 것도 이제 얼마 안 남았을 거예요. 금세 서리가 내릴 테고, 왔다 하면 혹독하게 올 테니까요. 아마 하루나 이틀쯤 더 가려나. 이렇게 턱없이 온화한 날씨가 오래갈 리 없잖아요 — 맞아요, 아마도 오늘 밤에는 얼음이 얼 거예요!"
> ―『이성과 감성』, 2부 5장.

밑줄로 제가 강조한 부분은, 누가 보아도 영화 대본의 지문 같습니다. 『이성과 감성』에는 이런 대목이 여러 번 나오는데요. 다음 대목에서는 심지어 괄호 없이 등장합니다.

"그러겠습니다. 간략하게 말씀드리자면, 작년 10월 제가 바턴을 떠날 때—하지만 이것만으로는 이해를 못 하시겠군요—훨씬 더 옛날로 거슬러 올라가야겠습니다. 제가 이야기꾼으로는 영 서투릅니다, 미스 대시우드. 어디서부터 시작해야 할지도 모르겠어요. 아무래도, 저에 대해 짧게 설명드려야 할 것 같은데요. 정말 짧게 설명하겠습니다." <u>깊이 한숨을 쉬며</u>, "이런 주제로는 중언부언 말을 많이 하고 싶을 리도 없지요."

—『이성과 감성』, 2부 9장.

이런 문체는 『오만과 편견』에서도 보기 어렵고, 오직 『이성과 감성』에서 유독 두드러지는데요. 제인 오스틴이 『이성과 감성』을 재교 중이던 1808년에 런던의 연극계를 한창 덕질 중이었다는 사실을 몰랐다면, 저는 주어와 연결되지 않는 이 표현을 단순한 비문으로 착각하고 "깊이 한숨을 쉬며 그는 말을 이었습니다"로 바꾸었을지도 모른다는 생각이 들어요. 하지만 이번에는, 이런 이상한 텍스트의 흔적들이 제인 오스틴이 (런던 연극의 메카인) 웨스트엔드 연극에 푹 빠져 정신을 못 차리던 시절의 흔적이라는 느낌이 들어, 작가에 대한 애정을 실어 번역문에 그 흔적을 남기고 싶어지더군요. 그래서 번역 작업 중 맞닥뜨리고 선택해야 하는 무수한 갈림길 가운데 이번에는 용감하게 이 길로 나서서, 그런 구절들을 마치 희곡 지문처럼 옮겨보기로 했답니다.

봄날의 숲과 정원에 뜨는 해

제인 오스틴은 왠지 봄날의 작가 같아요. 야외로 나가 자연의 품에 포옥 안기는 체험은 그의 소설에서 행복의 중추를 이루고 있지요. 이야기는 겨울을 통과해 반드시 봄 여름의 행복한 결말을 옹골차게 피워내고요. 여백은 하늘과 땅, 풀밭과 바위산, 강과 바다로 가득하고 행간에서는 투명한 녹음과 상큼한 꽃 내음이 느껴집니다. 주인공들은 성가신 가족이나 무례한 친지들과 응접실에서 후텁지근한 대화를 나누다가도, 이내 꽃이 만발한 정원과 숲속 오솔길로 도망쳐 맑은 공기를 허파 가득 불어넣고는, 걷고 또 걸으면서 홀로 마음을 가다듬거나 친구들과 속내를 터놓는 대화를 나누고 때로는 삶을 통째로 바꿔놓는 내밀한 만남을 갖지요.

만발한 꽃을 보고 제인 오스틴을 떠올린 게 저만은 아닌가봐요. 영국 작가 이언 매큐언은 영화 〈어톤먼트〉의 원작 소설 『속죄』를 공공연히 "나의 제인 오스틴 소설"이라고 불렀는데요. 고딕소설에 빠져 커다란 오해를 한 젊은 여자 이야기를 다룬 오스틴의 『노생거 애비』에서 영감을 받았다는 표시로 『노생거 애비』의 한 구절을 소설 첫머리에 적어두기도 했고요, 이 작품 『속죄』를 두고 현대의 소설가도 『오만과 편견』처럼 강력한 사랑 이야기를 쓸 수 있다는 걸 보여주고자 실험한 작품이라고 말하기도 했어요. 특히, 꽃 한 다발을 들고 정원을 가로질러 컨트리 하우스, 즉 영지 저택으로 달려가는 젊은 여자의 이미지 하나로부터 이 소설 전체가 시작되었다고 말했습니다. 『속죄』의 첫 장면에서 주인공 세실리아는 정원에서 꺾은 야생화들을 심혈을 기울여 배치하고 정성껏 화병에 꽂으면서 "오빠의 친구인 폴 마셜이 보면 흡사 꽃을 꺾을 때만큼이나 무심하게 아무렇게나 꽂은 줄" 알기를 바랍니다. 그러면서 자신의 모순된 심정을 자각하고 내심 쓴웃음을 지어요.

이 무심한 듯 자연스러운 꽃의 배치는 제인 오스틴의 시대부터 정립된 영국 정원이 유구하게 추구한 조경의 원칙이랍니다. 이 이상적 정원의 상은 "디자인된 혼돈

(designed chaos)"이라는 말로 표현됩니다. 사실 영국도 절대왕정을 꿈꾸던 이전의 스튜어트 왕조 시절까지는 프랑스와 이탈리아의 조경에 영향을 받아 외래 구근식물과 토피어리, 반듯한 가로수 길 등 "자연을 정복해 마음대로 부리는 것(mastery over nature)"을 목표로 정원을 꾸몄다고 해요. 하지만 18세기 들어 영국의 정원과 조경에 큰 변화의 붐을 몰고 온 조경사가 있었으니 바로 랜슬럿 브라운이었습니다. 별명이자 미들네임이 '능력'을 뜻하는 케이퍼빌리티(Capability)여서 케이퍼빌리티 브라운으로 더 유명했어요. 그는 유럽 본토의 인위적이고 권위주의적 미학을 싫어해서 경직된 대칭적 구도를 버리고 자연 본연의 모습이 건축이나 구조물과 어우러지는 "목가적(pastoral)" 느낌을 구현하고자 했는데요. 이를테면 2005년 조 라이트가 감독한 영화 〈오만과 편견〉에서 펨벌리로 등장한 채츠워스의 조경이 케이퍼빌리티 브라운의 대표작이랍니다. 브라운의 조경이 추구한 목가적 이상은 당대의 역사적 배경에 비춰보아도 의미가 있습니다. 어마어마한 부와 권력을 여전히 과시하는 베르사유궁의 화려한 정원과 비교해보면 쉽게 알 수 있을 거예요. 프랑스가 혁명의 피바람에 휩쓸릴 때 영국은 상대적으로 조용했는데(물론 백 년 먼저 국왕을 참수하는 사건을 겪었기 때문이기도 하지만요), 조경의 경

향에서도 당시 영국 지배계급의 조심스러움과 타협적 성향을 읽을 수 있지요. 목가적 정원은 향후 '영국적' 조경의 국가적 정체성으로 자리를 잡습니다.

오스틴의 소설에서 조경은 단순한 배경이 아니라 영주의 품격과 자질을 표상하는 중요한 기호입니다. 『오만과 편견』에서 엘리자베스 베넷이 펨벌리를 보고 반한 건 멋지고 화려하고 근사해서가 아니랍니다. 펨벌리에 가기 전에 "화려하고 커다란 대저택이라면" 이미 너무 많이 봐서 지겹다고 말하기까지 했으니까요. 부와 권력이 아니라, 가문의 역사가 축적한 취향과 심미안, 깊은 지성, 영주의 책임감, 생태계와 사회적 약자에 대한 배려가 구석구석 드러나는 공간이었기 때문에 엘리자베스가 그만 깜짝 놀라 매료된 것이에요.

이 펨벌리 장원의 묘사는 벤 존슨이 필립 시드니 경의 가문 영지에 바친 시 「펜셔스트에 바친다」의 오마주예요. 표현이나 묘사가 한두 군데 겹치는 게 아니거든요. 물론 의도적인 효과를 노린 것이고요. 벤 존슨의 시는 귀족의 대저택에 바치는 아첨 어린 찬사가 아니라 16세기에 시작되어 18세기까지 꾸준히 이어진 공공토지의 사유화(Enclosure)와 무자비한 지배계급의 탐욕을 비판하는 사회적 논평으로 읽어야 해요. 공지를 사유화해 터전을 잃은 농민들이 수없이 많이 생겼는데, 지주들은 그들에게서 갈취한 이윤으로 갑자기 엄청나게 화려한 저택과 영지를 건축했거든요. 폭군처럼 군림하며 영지 주민을 착취하는 졸부의 과시용 호화 저택을 프로디지 하우스(Prodigy House)라고 불렀는데요. "누군가의 몰락을 딛고 세워지지 않은" 너그러운 펜셔스트를 찬양할 때, 사실 벤 존슨은 프로디지 하우스의 탐욕과 허영을 비판한 것이에요.

훌륭한 영주의 관용 아래 자연과 인간이 어우러져 행복하게 살아가는 펜셔스트 플레이스와 펨벌리 장원의 묘사를 의도적으로 겹쳐서 어떤 이상적인 목가적 공동체를 꿈꾸듯 그림으로써, 제인 오스틴은 현실에서 도피하는 게 아니라 당대 지배계급의 품위 없고 무자비한 축재와 과시를 구체적으로 고발하고 있답니다. 다아시의 펨벌리는 레이디 캐서린 드 버그의 로징스 파크와 달리, 잔인하게 착취한 부를 고압적으로 과시하지 않고 하인과 소작농 등 영지의 식구를 너그럽고 살뜰하게 품는, 비옥하고 풍요로운 자연 공동체로 그려지거든요. 말하자면 제인 오스틴은 펨벌리의 숲과 물과 언덕을 찬양하면서, 벤 존슨이 그랬듯 명확한 사회적 논평의 영역으로 문학을 이끌고 들어가는 것이에요.

펨벌리와는 정반대의 사례지만, 『이성과 감성』에서도

장원은 영주의 품격을 거울처럼 반영합니다. 엘리너와 메리앤이 살던 놀랜드 파크는 인색하고 졸렬한 존 대시우드의 수중에 들어간 이후로 경관이 완전히 바뀌는데요. 탐욕스러운 존 대시우드는 놀랜드의 공지를 사유화해 이윤을 대폭 늘리고 인공적인 꽃 정원을 꾸미려고 비탈의 오래된 산사나무를 모조리 베어버리지요. 착취하는 자본가의 탐욕은 인간에게 잔인할 뿐 아니라 자연과도 공생할 수 없는 법이지요.

제인 오스틴이 자연에서 누리는 만족감에는 또 한 가지 중요한 차원이 있는데, 이를 남다르게 짚어낸 사람은 바로 프랑스의 철학자 장자크 루소였어요. 물론 제인 오스틴을 콕 짚어 호명한 건 아니에요. 홀로 산책을 즐기고 소설을 읽는 영국의 숙녀들에게는 남의 눈을 의식하는 파리지앵들과 달리 소박하면서도 강단 있고 내면적인 속성이 있다면서, 고독을 즐기는 이런 성향이 산책로와 오솔길이 많은 영국식 파크*와 관련이 있다고 했을 뿐이지요. 하지만 루소가 "존재의 감성(sentiment of being)"이라 명명한 이 특별한 "자아의 감각(sense of self)"을 생각할 때, 제인 오스

---

* park. 전통적으로는 사냥터나 목장이라는 의미였지만, 18세기 영국에서는 영주의 부를 과시하는 공간을 뜻했으며, 조경으로 가꾼 언덕, 숲, 초원 등을 모두 포괄하는 단어였습니다.

틴 말고 달리 어떤 "영국 숙녀"를 떠올릴 수가 있겠어요. 루소가 파크를 산책하고 소설을 읽는 "영국 숙녀"들에게서 흠모한 이 내면적 삶의 감각, 즉 존재의 감성은 혁명의 주체를 구성하는 한 가지 속성이기도 했답니다. 홀로 읽고 홀로 걷고 홀로 사유하는 주체야말로 억압적인 체제에 가장 위험한 존재니까요.

『오만과 편견』에서 숲속 오솔길을 홀로 걷던 엘리자베스는 길목에서 자신을 기다리던 다아시를 만나고 그의 편지를 받아 읽습니다. 실제로 이 사태는 작은 혁명입니다. 약혼한 사이가 아닌 두 남녀가 서신을 교환한다는 건, 중대한 사회적 규약의 위반 행위였거든요. 범절과 격식을 누구보다 중시하던 다아시는 스캔들을 불사하고 모든 선을 넘어 엘리자베스에게로 갑니다. 그리고 자신의 가장 쓰라린 치부를 편지에 담아 건네줍니다. 두 사람은 숲속에서 모든 사회적 금제를 초월해 기어코 '충돌'합니다. 엘리자베스는 이 편지를 숲속에서 읽고 또 읽습니다. 텍스트화된 타자의 내면을 숙독합니다. 숲속의 읽기로부터 전혀 새로운 마음, 오롯이 둘만의 은밀한 내면이 탄생합니다. 지금과 다른 세상, 지금과 다른 관계를 꿈꾸는 마음이지요.

무수한 동화 속에서 숲은 마술에 걸린 장소이고 제인

오스틴의 소설에서도 그렇습니다. 숲에서 사람들은 자유로워져서, 존재하지 않는 세계의 꿈을 꾸고 한 번도 해보지 않은 생각을 처음으로 떠올려요. 롱본도 아니고 펨벌리도 아닌 그 어딘가, 투명한 편지가 남몰래 쓰이고 읽히는 마법의 숲속에서, 서로 다른 세계에 거주하던 엘리자베스와 다아시가 '사이'를 만들면 새로운 해가 뜨고 이제까지 존재하지 않았던 세상의 문이 열리는 거예요. 비로소 인간(人間)이 되는 것입니다. 그리고 이들의 충돌과 연대는 소설 속의 작고도 큰 세상을 영원히 개혁합니다. 산천에 꽃이 흐드러지게 만발하고 초목이 나날이 푸르러지던 어느 희망찬 봄날의 일이었지요.

여성 독자의 자중심(自重心)과
어느 특별한 문학적 계보

2019년 토니 모리슨이 88세를 일기로 소천했다는 부고 기사들에는 뜻밖의 새로운 정보가 하나 실려 있었습니다. 그가 성장기에 가장 즐겨 읽고 사랑했던 작가가 제인 오스틴과 레프 톨스토이라는 짧은 언급이었지요. 제 인생의 작가들이 한자리에 모인 이 짧은 문장을 읽고 얼마나 뭉클하게 벅차올랐는지 모릅니다. 이들은 제가 삶을 살아낸 시간에 비례해 더욱더 사랑하게 되는 몇 안 되는 작가이기도 한데요. 왜냐하면, 벌거벗은 삶의 진리는 환멸과 허무와 부조리일지라도, 심지어 그것을 잘 알지라도, 무의미의 절망을 넘어 의미를 소생시키는 희망과 관용과 사랑의 힘, 그 실낱같은 가능성을 기어코 붙잡아 우리에게 납득시켜주기 때문입니다. 그렇게 문학적 거장은 물론 삶의 스승으로 삼아 마땅한 아름다운 사람의 향기를 풍기기 때문입니다. 시련과 역경의 바람이 조금만 불어도 슬픔과 비관에 팔랑팔랑 휘둘려 쓰러지는 저 같은 사람이 그 거목처럼 단단한 자중에 꼭 매달려 삶의 파고를 넘을 수 있을 것만 같은, 굳건하고 믿음직한 따스함이 강고하게 활자와 행간을 그득그득 채우고 있기 때문입니다. 우리가 존재하는 이 세상 속 사람들을 실체적으로 체감하고 사랑하게 하는 글쓰기의 양식, 펄떡펄떡 뛰는 심장의 뜨거움이 배어나는 관점, 치졸하고 졸렬한 구석이라곤 하나도 찾아볼 수 없는 지성과 낙관의 배포, 나아가 전례 없는, 독보적으로 고유한 문학적 언어와 인물과 형식을 발명해낸 작가들이기 때문입니다. 그리하여 제가 가장 사랑하는 작가가 죽음을 앞두고 제가 가장 사랑하는 작가들의 이름을 호명했을 때, 어쩐지 저는 그들을 향한 제 사랑으로 함께 손잡고 연대한 듯 벅찬 감정에 휩싸였더랍니다.

영국의 백인 여성 작가와 러시아의 백인 남성 작가를 가장 사랑했다는, 어찌 보면 도발적인 이 고백을 뜬금없이 자신의 부고에 꼭 남기고 싶었던 마음을 저는 가끔 가만히 생각해봅니다. 제 기억으로 토니 모리슨은 단 한 번도 생전에 제인 오스틴을 논한 적이 없거든요. 고인의 허락이나 당부가 없었다면 그런 생뚱맞고 뜬금없는 내용이 부고에 포함될 리 없고요. 미국 흑인 여성을 대표하는 작가로서 생전에 그런 말을 할 수 없었던 이유는 충분히 미루어 짐작할 만합니다. 얼마나 복잡하고 골치 아프고 불필요한 논쟁들에 휩쓸리겠어요. 하지만 작품만 남겨놓고 영원한 침묵에 들어야 할 때가 왔다 느꼈을 때, 토니 모리슨은 이 고백을 부득불 부고에 새김으로써 이 작가들에게 특별한 찬사를 바쳤을 뿐 아니라 자신의 문학을 국적과 인종을 초월하는 어떤 특별한 문학적 계보에 놓고자 했던 건 아닐까 짐작해봅니다. (나아가 저는 왠지, 제인 오스틴이 묶여 있는 어떤 문학적 계보에서 그를 해방하고 싶은 마음도 있었을 것 같습니다.)

토니 모리슨의 선언 아닌 선언을 읽으며 영문학의 계보에서 제인 오스틴의 적통 후계자로 흔히 지목되는 헨리 제임스를 떠올렸는데요. 앞서 다룬 조지프 러디야드 키플링의 단편 「제인 오스틴 비밀결사단」에서도 한 인물이 제인 오스틴은 자식이 없지만 '헨리 제임스'라는 후계자를 남겼다는 말을 한답니다. 하지만 저는 불경하게도 주류의 의견과는 달리 이 두 작가의 세계관이 거의 대척점을 이루며, 그 극명한 차이점이야말로 제인 오스틴을 특별하게 만든다고 오래전부터 내심 고집스레 믿어왔습니다. 제인 오스틴은 여성 인물(당시 사회에서 발언권을 박탈당한 약자)

을 당당한 '행위자(agent)'로 내세우지만 헨리 제임스(를 위시한 남성 소설가들 상당수)는 철저한 '감수자(patient)'로만 묘사한다고 느꼈기 때문이에요.

제가 어렴풋이 느끼던 이 두 작가의 차이를 설명할 개념어를 제공해준 책은 『신과 개와 인간의 마음』입니다. '마음'의 의미를 포괄적으로 다루는 이 책에서 공저자 대니얼 웨그너와 커트 그레이는 지각된 마음에는 두 종류가 있고 각각 고유한 유형의 도덕성을 가진다고 말합니다. 하나는 '사고하는 행위자(thinking doer)'이고 하나는 '상처받기 쉬운 감수자(vulnerable feeler)'입니다. 이 두 마음은 언제나 한 쌍을 이루어 행위에 개입해 선과 악을 가릅니다. 사고하는 행위자의 권능이 크고 의도성이 분명할수록, 상처받기 쉬운 감수자가 약하고 예민할수록, 가해자가 피해자에게 끼치는 악의 정도가 심해집니다. 이를테면 중년 남성 국회의원의 뺨을 다섯 살 아이가 아무리 세게 때리더라도 폭행은 성립하지 않습니다. 하지만 거꾸로 국회의원이 다섯 살 여자아이를 추행했다면 '통증이 없었더라도' 괴물 같은 악행이 성립되겠지요. 아이가 너무나 '어리고 약해서' 제대로 된 대응을 할 능력이 없기 때문이에요. 또한 피부감각이 극도로 예민해서 통증에 취약한 환자의 따귀를 때리는 것은 보통 사람의 뺨을 때리는 것과는 다른, 특별히 더 악한 가해입니다. 감수자가 '느끼는' 통증이 그만큼 크기 때문이지요. 집단 괴롭힘의 가해자들이 피해자가 폭력에 둔감해지면 흥미를 잃는 이유이기도 합니다. 감수자가 '느끼지 않게' 되어버리면 악행을 구성하는 행위와 경험의 쌍이 무너지는 것이지요. 감수자는 도덕적으로 보호받을 권리가 있습니다. 하지만 도덕적 책임은 언제나 사고하고 실행하는 행위자의 몫입니다.

문학은 언제나 감수자, 말하자면 고통받는 사람의 입장에 섰습니다. 항상 폭력을 당하는 몸과 마음에 빙의해왔습니다. 그러나 문학은 또한, 그처럼 원치 않는 '팍팍한 궁지'에 처한 감수자가 어떻게 압박하는 세계에 맞서 자기결정권을 기어이 확보해내는가를 추적할 책무를 지고 있습니다. 이를테면 햄릿과 베르터는 자기 손으로 해결할 수 없는 딜레마 속에서 심지어 죽음을 무릅써서라도 핵심적 앎은 쟁취하고 희생자(감수자)가 아닌 삶의 행위자라는 위치를 거머쥡니다.

솔직히 말씀드리면, 저는 남성 작가의 소설이 대체로, 그중에서도 특히 헨리 제임스의 소설이 여자를 주인공으로 내세우되 지독하게 예민한 감수자의 역할에 잔인하리만큼 묶어둔다는 느낌을 떨칠 수 없었습니다. 『여인의 초상』과 『데이지 밀러』를 위시한 헨리 제임스의 소설들은 그 뛰어난 심리묘사와 아름다운 문체 때문에 오히려 동일시의 경험이 너무 쓰라리게 아파서 차마 다시 읽을 용기조차 나지 않았지요. 그 책들은 다 읽고 나서는 정말 기운이 쭉 빠져버리고 말았고, 정말 육성으로, 아, 그래서 어쩌란 말이야, 라는 투덜거림이 절로 나오더군요. 헨리 제임스만큼은 아니지만 여성을 주인공으로 내세운 남성 소설가의 작품들, 심지어 귀스타브 플로베르의 『마담 보바리』처럼 위대한 소설들에서도, 세계와 삶의 압박에 맞서는 여성 인물들이 남성 인물들처럼 '지와 사랑'의 중심을 자기 안에 무겁게 두고 험한 바다를 항해하다 좌초한다는 느낌은 받기 어려웠습니다. 오히려 무력감과 고통을 지독히도 예민하게 '느낀' 나머지 자기 삶의 이야기를 허무하리만큼 쉽게 방기해버린다는, 답답하고 안타까운 느낌에 가까웠지요.

헨리 제임스에게는 뛰어난 글재주와 예민한 감수성을 지닌 여동생 앨리스가 있었는데, 앨리스 제임스는 우울증을 빠져 침대 밖으로 나오지 않는 은둔 생활을 하다가 세상을 떠났습니다. 수전 손택은 헨리 제임스의 이 불운하고 명민하고 예민하고 수수께끼 같은 천재 여동생 앨리스 제임스의 이야기를 희곡 『앨리스, 깨어나지 않는 영혼』

에서 다룬 적이 있는데요. 이 희곡에서 헨리 제임스는 앨리스를 "가엾어하면서" 병문안을 올 때마다 끝없이 눈물을 흘리는 오빠로 등장하지요. 수전 손택 역시 저처럼 앨리스 제임스(를 비롯한 지적이고 감수성이 뛰어난 여성들)가 내몰린 궁지를 바라보는 헨리 제임스의 연민이 무력하고, 어쩌면 무례하다고까지 느꼈나봅니다.

그러니 제가 영문학의 계보를 공부하던 학생 시절 제인 오스틴에게 '꽂힌' 이유는 그냥 재미있어서만은 아니었던 거예요. 돌아보면 1980년대 후반 한국의 여성 독자로서 영문학의 정전을 읽는 경험은 막막하고 기묘한 소외의 내면적 체감이었거든요. 저처럼 이방의 독자는 아니었지만 여성 독자로서 비비언 고닉도 이 비슷한 경험을 고백한 적이 있지요.

성장기를 함께한 책들을 펼쳐 들고, 그제야 처음으로 보았다. 그 책들에 나오는 대다수 여자가 피도 살도 없는 뻣뻣한 막대기이고, 오로지 주인공의 운명에 좌절을 안기거나 행운을 선사하기 위해 등장할 뿐이라는 것을. 그때 비로소 깨달은 바, 주인공은 거의 언제나 남자였다. 그들이 헤치고 나아가는 삶의 행보는 내가 언감생심 꿈꿀 수 있는 삶과는 결정적인 단절이 있거니와 어느 한구석 닮은 데도 없는데, 독자로 살아온 일평생 나는 그 남자들과 나를 동일시해왔던 것이다.

— 비비언 고닉, 『끝나지 않은 일』(김선형 옮김, 글항아리, 2024), 21쪽.

저 역시 영국 백인 남성 작가들의 문학에 강렬하게 매혹되는 한편, 읽기의 체험에서 '나'의 자리를 정하는 데 크나큰 어려움을 겪었어요. 텍스트를 읽으면서 중심으로 나아가 깃발을 꽂지 못하고 변두리의 변두리만 돌면서 동일시의 갈고리를 꽂을 틈새를 찾아 헤매야 했던 거죠. 그렇게 찰스 디킨스와 제임스 조이스와 D. H. 로런스와 헨리 제임스를 읽다가 제인 오스틴을 발견했을 때 그 엄청난 카타르시스를 뭐라고 설명할 수 있을까요.

제인 오스틴은 소설 속 주인공들을 집도 없고 자산도 없고 뛰어난 지성을 발휘할 기회도 없고 자칫 사회적으로 추방될 뻔하는 팍팍한 궁지에 몰아넣고도 결코 그들로부터 비길 데 없는 자중감을 빼앗지 않았어요. 사랑을 하든 하지 않든, 결혼을 하든 하지 않든, 자기한테 주어진 협소한 선택지 속에서도 늘 그 누구보다 자기 자신을, 또 자기가 속한 공동체를 위한 힘 있는 선택을 하는 여자들을 그려냈어요. 세상의 폭압을 몸으로 받아내고 스러지는 것밖에 탈출구를 찾지 못하는 비참한 감수자가 아니라 실패의 위험을 무릅쓰고서 도덕적 판단을 내리고 끝끝내 삶을 자기 이야기로 써내는 행위자로 내세웠어요. 핵심적인 앎을 쟁취하지도 못한 채 허무하게 짓밟혀 죽거나 추방되지 않고 당당히 세계 속에 자기 자리를 새겨 넣을 길이 분명히 어딘가에는 있다고, 꿈을 꾸어도 좋다고 말해줬지요.

제인 오스틴 소설의 주인공들은 에드워드 페라스나 피츠윌리엄 다아시와 결혼하지 않았더라도, 아무도 자살하거나 비참한 불행 속에서 한 번뿐인 자기 삶을 방기하지 않았을 거예요. 『이성과 감성』의 엘리너 대시우드가 페라스 가문의 여자들에게 공공연히 모욕당할 때 자기 마음을 차분히 분노로부터 보호하고 모멸을 단호히 거부한 대목, 엘리자베스 베넷이 캐서린 드 버그 부인 앞에서 조금도 기죽지 않고 당돌하게 "그는 신사고 나는 신사의 딸"이다라고 맞받아쳐 선언한 대목도, 문학의 정전을 읽는 후대의 모든 여성 독자들에게 작은 기적과 다름없는 순간이었습니다. 여성 독자들이 이처럼 귀한 선물을 받는 순간은, 20세기 이전의 문학사에서 그리 흔치는 않아요. 자기와 맞지 않는 세계의 기준에 휘둘리지 않는 이런 단단한 마음이란, 18세기 말 영국에서는 세계를 장악한 모든 담론에 코웃음을 쳐야만 다다를 수 있는 경지였기 때문이지요.

그러니 20세기 후반 미국의 한 흑인 여자아이가 이 단단한 마음을 딛고 도약해 '흑인 여성'에게 씌워지는 모든 굴레에 코웃음 치며 날아가는 상상을 조금쯤 해도 좋지 않을까요. 토니 모리슨의 여자들,『빌러비드』의 덴버와 세서,『솔로몬의 노래』의 파일러트… 평범한 사람은 차마 상상도 할 수 없이 고통스러운 고난의 삶을 통과하는데도, 이상하게 이 여자들은 무기력한 희생자로 느껴지지 않습니다. 엄청나게 단단한 자중심을 바탕으로 온 세상에 사랑을 질펀하게 쏟아내는 마르지 않는 샘 같고, 기어이 세상의 주인으로 올라서는 것 같습니다.

독자를 이끄는 경쾌한 리듬

문학 텍스트의 번역가가 문체를 결정하는 근거는 텍스트 속에서 깜박거리는 무수한 작은 신호들입니다. 이 번역가가 보는 신호를 저 번역가는 못 볼 수도 있고, 이 번역가가 중요하게 생각하는 신호를 저 번역가는 그리 중요하지 않다고 판단할 수도 있어요. 하지만 이 작은 신호들에 근거한 작은 판단들이 축적되다보면 번역본마다 독특한 개성을 지니게 되지요. 지금 저는 당신이 서로 다른 번역의 개성을 즐기고 차이를 구축하는 취향과 판단의 근거를 가늠하고 나아가 그 차이들 속에서 다채롭게 드러나는 원전의 매력을 풍요롭게 감상하는 새로운 재미를 알게 되면 참 좋겠다 바라며 이 글을 씁니다.

저는 『이성과 감성』, 『오만과 편견』의 화자를 갓 스물이

된 제인 오스틴과 크게 다르지 않은 소설 속 또 하나의 등장인물로 상정하고 입말에 가깝게 번역했는데요. 이 소설들의 화자가 편지글에 등장하는 제인 오스틴 본인과 매우 비슷할 뿐 아니라, 당대의 여러 텍스트를 비교해볼 때 이 서술이 글(ecrit)보다는 말(parole)에 더 가깝다고 여겼고, 특히 발터 벤야민의 이야기꾼처럼 서사의 구술 전통에 맞닿아 있다고 느꼈기 때문이에요. 젊고 짓궂고 유연한 이 화자의 목소리는 물론 18세기의 중요한 사회적 구술 스토리텔링인 가십과도 잇닿아 있지만 그보다는 훨씬 더 현명하고 너그럽고 지혜로운 서사적 목소리이기도 합니다. 문체를 결정하고 나면 번역하는 과정에서 텍스트의 작은 신호들이 같은 방향을 가리키고 있는지 계속 점검하게 되는데, 다행히도 번역하는 과정에서 제 판단이 옳았다는 확신이 굳어졌어요. 특히 『이성과 감성』에서 "I"라는 일인칭 대명사가 불쑥 튀어나왔을 때는 내심 기분이 좋았답니다.

> *I* come now to the relation of a misfortune, which about this time befell Mrs. John Dashwood. It so happened that while her two sisters with Mrs. Jennings were first calling on her in Harley-street, another of her acquaintances had dropped in — a circumstance in itself not apparently likely to produce

evil to her. But while the imagination of other people will carry them away to form wrong judgments of our conduct, and to decide on it by slight appearances, one's happiness must in some measure be always at the mercy of chance.

이제 제가 한 가지 불행한 일을 이야기할 때가 되었네요. 얼추 이 시기 존 대시우드 부인에게 일어난 일이지요. 하필 시누이들이 제닝스 부인과 함께 할리 스트리트에 처음 방문했을 때, 또 다른 지인이 왔다 간 거예요. 이 일 하나만 봐서는 부인에게 특별히 나쁠 것 같지 않은 일이지요. 그러나 다른 사람들이 상상력을 키워 우리 행실을 오판하고 사소한 겉모습으로 단정 지으려 한다면, 우리 행복은 언제나 어느 정도 우연에 좌우되기 마련이니까요.

— 『이성과 감성』, 2부 14장.

제인 오스틴의 초기작 두 권의 서술이 작가와 크게 거리가 없는 화자의 입말이라고 상정하고 나서, 오스틴이 문단을 구축하는 방식을 잘 들여다보면 이 소설들이 지닌 엄청난 가독성의 비밀을 알 수 있습니다. 문단을 쪼개보면 문장(sentence), 구절(phrase), 단어(word) 들이 지닌 정보값이 모두 작은 클리프행어로 구성되어 있거든요. 문장도, 구절도, 심지어 단어들도 그다음이 궁금해지게 만드는 질문들을 품고 있단 말이지요. 위의 문단을 다시 한번 읽어볼까요?

> 이제 제가 한 가지 불행한 일을 이야기할 때가 되었네요.(아니, 무슨?) 얼추 이 시기 존 대시우드 부인에게 일어난 일이지요.(응, 누구? 작품의 악역이므로 독자는 그의 불행을 내심 바라는 터에.) 하필 시누이들이 제닝스 부인과 함께 할리 스트리트에 처음 방문했을 때, 또 다른 지인이 왔다 간 거예요.(에이, 그걸로 무슨 불행씩이나…) 이 일 하나만 봐서는 부인에게 특별히 나쁠 것 같지 않은 일이지요.(마치 독자의 마음을 읽기라도 한 듯.) 그러나 다른 사람들이 상상력을 키워 우리 행실을 오판하고 사소한 겉모습으로 단정 지으려 한다면 우리 행복은 언제나 어느 정도 우연에 좌우되기 마련이니까요.(호오, 그래서 무슨 일이?)

『오만과 편견』에서는 독자를 단숨에 몰입하게 만드는 이런 서술적 기교가 한층 세련되게 정제되어서 그야말로 한 문단, 한 문장, 한 구절마다 독자를 쥐락펴락하는 위력적 페이지터너가 탄생했습니다. 빙리가 베넷 씨의 집에 방문한 후에 일어난 일들을 묘사하는 다음 문단을 보세요. 쉼표나 세미콜론으로 정보값이 끊어질 때마다 다음에 이어지는 내용을 궁금하게 만드는 작은 질문들이 의도적으로 심겨 있습니다.

An invitation to dinner was soon afterwards despatched; and already had Mrs. Bennet planned the courses that were to do credit to her housekeeping, when an answer arrived which deferred it all. Mr. Bingley was obliged to be in town the following day, and consequently unable to accept the honour of their invitation, etc. Mrs. Bennet was quite disconcerted. She could not imagine what business he could have in town so soon after his arrival in Hertfordshire; and she began to fear that he might always be flying about from one place to another, and never settled at Netherfield as he ought to be. Lady Lucas quieted her fears a little by starting the idea of his being gone to London only to get a large party for the ball; and a report soon followed that Mr. Bingley was to bring twelve ladies and seven gentlemen with him to the assembly. The girls grieved over such a number of ladies; but were comforted the day before the ball by hearing that, instead of twelve, he had brought only six with him from London, his five sisters and a cousin. And when the party entered the assembly-room, it consisted of only five altogether: Mr. Bingley, his two sisters, the husband of the eldest, and another young man.

곧바로 저녁 만찬 초대장이 발송되었지요.(곧장? 베넷 부인의 마음이 급하구나.) 베넷 부인은 살림 솜씨를 인정받을 코스 메뉴를 벌써 다 짰는데(그런데?), 그만 거사를 미뤄야 한다는 답장이 왔어요.(아니 왜?) 빙리 씨가 다음 날 런던에 갈 일이 있어서 초대를 수락할 수 없다 어쩌고저쩌고 그런 얘기였지요.(마음이 없나? 아니나 다를까.) 베넷 부인은 몹시 마음이 심란해졌어요.(그랬겠지.) 하트퍼드셔에 온 지 얼마나 됐다고 벌써 런던에 무슨 볼일이 있다는 건지 도무지 짐작이 가지 않았어요. 빙리 씨는 네더필드에 꼭 정착해야 하는데, 영영 그러지 않고 늘 이곳저곳 정신없이 떠돌아다니는 사람일까봐 너무 걱정이 되었지 뭐예요.(베넷 부인이 이 정도로 김칫국을 마셨을 거라 짐작도 못한 독자는 기가 막힐 수밖에…) 레이디 루카스는 빙리 씨가 연회에 대동할 대규모 일행을 모으느라 런던에 갔을 거라는 생각을 처음 해내서 베넷 부인의 근심을 다소 가라앉혀줬지요.(이것도 기발한 발상인걸. 하지만?) 아니나 다를까 곧 빙리 씨가 연회에 열두 숙녀와 일곱 신사를 데리고 올 거라는 소식이 전해졌답니다.(흥미진진.) 젊은 아가씨들은 숙녀의 수가 너무 많다고 속상해했지만(했지만?), 무도회 바로 전날 열두 명이 아니라 여섯 명만 데려왔다는 소식이 전해져 한결 마음을 놓았어요.(이게 이럴 일인가 싶으면서도 왠지 마음이 놓임…) 숙녀는 누이 다섯과 친척 한 명이라더군요. 하지만 정작 실제로 연회장에 입장한 일행은 다섯 명뿐이었어요. 빙리 씨, 두 누이, 큰누이의 남편, 그리고 또 다른 젊은 신사 한 명이었죠.
— 『오만과 편견』, 1부 3장.

놀라운 것은 반전과 반전을 거듭하는 사건이 연속되는 이 문단이 결국 소설에서 가장 중요한 인물인 "또 다른 젊은 신사(another young man)", 즉 다아시 씨로 귀결된다는 점입니다. 이 다음 문단은 물론 독자의 궁금증을 따라 바로 이 청년, 다아시 씨를 다루게 될 테고요. 그러니 독자가 다급히 다음 문단을 읽지 않을 수가요.

따라서 제인 오스틴의 소설을 번역할 때 이 엄청난 가독성을 해치지 않으려면, 궁금증을 유발하는 이런 정보값의 잘 계산된 순차성을 지키는 것이 구두점이나 문법적 정확성, 즉 축자적 정합성을 지키는 것보다 더 중요합니다. 번역에서 정보의 순차성을 지키려 하다보면 이 두 가지 목표가 상충해서 우선순위를 정해야 할 때가 오거든요. 보석상에 간 엘리너가 자기 앞에서 이쑤시개 케이스 하나를 사면서 꼬치꼬치 따지며 시간을 끄는 허영심 강한 남자 때문에 짜증이 잔뜩 난 상황을 그린 후 자기만의 상념에 빠져 있는 메리앤에게로 시선을 옮기는, 다음 대목처럼 말이지요.

Marianne was spared from the troublesome feelings of contempt and resentment, on this impertinent examination of their features, and on the puppyism of his manner in deciding on all the different horrors of the different toothpick-cases presented to his inspection, by remaining unconscious of it all.

(1) 메리앤은 이 모든 게 아예 안중에 없었기에, 외모를 관찰하는 무례한 시선이나 구경하라고 내놓는 온갖 흉물 이쑤시개 케이스들을 놓고 결정하는 허세 가득한 태도를 보고 괜히 번거롭게 사람을 경멸하거나 원망하는 감정을 면할 수 있었어요.

(2) 메리앤은 이처럼 귀찮고 기분 나쁜 경멸과 원망의 감정을 느끼진 않아도 되었어요. 둘의 생김새를 무례하게 관찰하는 시선이고, 살펴보라 내어 온 온갖 이쑤시개 케이스의 별별 흉측한 꼴을 비교하고 결정하는 허세 가득한 태도고, 아예 처음부터 의식조차 하지 않았거든요.

—『이성과 감성』, 2부 11장.

번역가의 우선순위에 따라 여러 가지 다른 번역이 가능하겠지만 일단 두 가지 선택지를 놓고 비교해보겠습니다. (1)은 마침표로 끝나는 문장을 하나의 의미 단위로 보고 축자적 정합성을 중심으로 번역한 것입니다. (2)는 문체의 속도감을 더 중시해서, 구절 단위의 정보값을 순차적으로 번역한 것입니다. 물론 (1)이 무난한 선택입니다. 하나 제인 오스틴의 경우, 18세기 말 19세기 초 영국의 구두점 활용법이 지금과 좀 다르다는 점을 감안하면 마침표보다는 쉼표와 세미콜론을 기준으로 정보값을 나누어 앞서 설명한 대로 경쾌한 읽기의 속도를 지키는 쪽이 낫다고 판단했습니다. "아예 처음부터 의식조차 하지 않았다"는 정보가 문단의 맨 마지막에 위치하게 되면 메리앤의 몽상가적 성격을 설명하는 다음 문장과 자연스레 이어지게 되니까요. 그러면 오스틴 소설의 가장 큰 힘, 별일이 일어나는 것도 아닌데 책을 놓기 어려울 정도로 독자를 휘어잡는 페이지터너의 속성이 조금 더 잘 살아나고요.

문학을 번역하는 사람이 맞닥뜨리는 딜레마를 구체적인 고민과 선택의 사례로 풀어보았어요. 번역가는 뭐니 뭐니 해도 문학 텍스트를 읽는 사람이고 제가 읽은 제인 오스틴은 뭐니 뭐니 해도 단어, 구절, 문장 단위로 클리프행어를 촘촘히 심어놓는 작가, 독자가 허겁지겁 다음 이야기를 갈구하게 만드는 이야기꾼입니다. 이 강력한 추진력—제인 오스틴의 초기 소설이라는 문학 텍스트의 핵심 속성—을 재현하기 위한 고민은 계속 이어집니다.

다가섰다 물러서고 또다시 나아가는

제가 아는 한 『오만과 편견』의 핵심을 가장 독창적인 관점에서 꿰뚫은, 단연 최고의 비평은 테헤란에서 나왔습니다. 『테헤란에서 롤리타를 읽다』는 이란혁명 이후 검열이 강화된 이란이슬람공화국의 젊은 여성 영문학자 아자르 나피시가 테헤란대학교에서 해고당하고 나서 1997년 미국으로 이주할 때까지 이란 여학생 일곱 명과 자택에 몰래 모여 금지된 서양 문학작품을 읽은 경험을 기록한 책입니다. 이 위험한 읽기는 블라디미르 나보코프에서 시작해 스콧 피츠제럴드와 헨리 제임스를 거쳐 제인 오스틴으로 끝맺으며, 순서대로 '롤리타' '개츠비' '제임스' '오스틴'이라는 제목이 붙은 네 개의 부로 기록됩니다. 이 중 4부 「오스틴」의 첫 문단은 다음과 같습니다.

"자산 규모와 상관없이 무슬림 남자라면 반드시 아홉 살짜리 동정 신부가 필요하다는 건 누구나 인정하는 진리라지요." 야시는 정색하되 살짝 아이러니를 섞은 특유의 말투로 이렇게 선언했다. 흔치는 않지만 아주 가끔씩 배가 아프도록 웃길 때가 있는데 이때가 바로 그랬다.

— Azar Nafisi, *Reading Lolita in Tehran: A Memoir in Books*.

당장이라도 눈이 내릴 듯 흐린 12월의 어느 날, 제인 오스틴을 읽기 시작한 이들은 저 유명한 첫 문장을 가지고 이처럼 자조적인 말장난을 이어가며 깔깔 웃어댑니다. 다른 작가들도 다 그랬지만 특히 오스틴을 함께 읽는 건 정말로 '재미'있었어요. 유치한 아이들처럼 수다를 떠는 재미는 젊은 교수와 여학생들이 함께 지낸 시간과 어느새 돈독해진 유대감의 증거였지요. 나피시는 그것이야말로 오스틴이 독자들에게 바란 바라고 생각하지요. 그리고 숙제라면서 학생들에게 컨트리댄스를 가르칩니다. 웃음을 참으며 파트너와 마주 보고 선 이란의 젊은 여자들은 앞으로, 뒤로, 쉬었다, 돌고, 돌고, 세트의 다른 사람들과 발을 맞추고 파트너와 다가섰다 멀어집니다. "주로 자기 자신과 파트너를 신경 써야 하지만 다른 사람들도 다 보고 있어야 해. 다른 이들과 스텝이 어긋나면 안 되거든. 그래,

맞아, 미스 일라이자 베넷한테는 이게 아주 자연스럽게 되는 일이지."

 나피시에 따르면 이 연애소설의 구조는 완벽하게 18세기 춤의 리듬을 따릅니다. 정확히 말하면 컨트리댄스인데요. 남자가 한 줄로 나란히 서고 여자가 한 줄로 나란히 서면, 각자 차례가 왔을 때 대열에서 나아가 파트너와 손을 맞잡고 춤을 춥니다. 대형이 '우리 집에 왜 왔니' 놀이를 할 때와 같지요. 컨트리댄스(country dance)는 시골의 춤이라는 뜻이 아니라 마주 보고 추는 사교춤이라는 뜻의 프랑스어 콩트르당스(contredanse)를 영어로 음차한 것입니다. 하지만 엘리자베스 1세의 궁정에서 시작되어 루이 16세의 궁정으로 유입된 춤이니 전형적으로 '영국적인' 사교춤이지요. 이 춤의 특징은 사회적이면서도 개인적이어서 잠시 잠깐 마주치는 파트너와의 대화를 매우 중요하게 생각한다는 것입니다. 19세기 중후반 낭만주의가 한창인 유럽에서 유행한 왈츠와 비교해보면 그 차이를 더 잘 알 수 있어요. 왈츠는 처음부터 파트너와 온몸을 서로 밀착하고 빠르고 격렬하게 도는 춤으로, 철저히 사적이고 비언어적인 성적 매혹을 표상하거든요. 반면 18세기 영국의 사교계에서는 청년들이 이성에게 관심이 있더라도 샤프롱 없이 따로 만나거나 서신을 교환할 수 없었어요. (그러니 엘리자베스를 집요하게 뒤쫓는 다아시의 '시선'이 그만큼 중요해지지요.) 결혼은 중요하지만 연애는 불가능한—그래서 이란이슬람공화국을 조금은 닮은—이 사회에서, 컨트리댄스는 '대화'와 '터치'라는 짧고 귀한, 하지만 지극히 사적인 밀착 접촉의 기회를 제공합니다.

오스틴의 주인공들은 공적인 장소에서 춤추는 사적 개인입니다. 컨트리댄스는 엄격한 규율을 따르면서도 개성적 변주가 가능한 퍼포먼스이고 자아의 사회적 프리젠테이션입니다. 한 번, 두 번, 대열을 이탈해 단둘이 접촉했다가 다시 대열로 돌아와 방금의 접촉을 회고하고 상대를 평가합니다. 그 평가를 기반으로 다시 만나 접촉하고 다시 돌아와 재고합니다. 그래서 처음에는 다아시가 먼저 자기 대열을 일탈해 엘리자베스의 대열로 다가와 그 사회의 맥락에서 엘리자베스를 만나고 판단합니다. 그들은 다시 자기 대열로 돌아가서 자기가 소속한 공동체의 다른 사람들과 함께 상대와의 만남을 의논하며 평가합니다. '참아줄 만하다'는 다아시의 평가를 엿들은 엘리자베스는 자존심에 상처를 입고 다아시 역시 별로 좋은 인상을 받진 못하지요. 두 번째 만남에서는 엘리자베스가 자기 대열을 일탈해 병든 언니를 간호하기 위해 네더필드로 가면서 다아시의 세계로 나아갑니다. 여기서 다아시는 위험한 호감을 느끼고 엘리자베스를 회피하지요. 세 번째 만남은 레이디 캐서린 드 버그의 로징스 파크라는 중립지대에서 벌어지고, 이곳에서 두 사람은 완벽하게 사적인 개인으로서 치열하게 충돌합니다. 사랑과 증오가 뒤섞인 이 격렬한 충돌은 죽고 싶을 정도의 수치심을 남기고(mortification이라는 단어 안에 존재하는 mort는 죽음을 뜻합니다), 이 작은 죽음을(이 말의 속뜻은 에로틱하기도 합니다. 마르그리트 뒤라스는 성적 흥분의 절정을 "작은 죽음"이라고 표현했지요) 통해 두 사람은 자기 자신과 자기가 소속한 세계를 완전히 다른 관점에서 바라보게 됩니다. 둘은 다시 각자의 세계로 물러나서 각자의 오만과 편견을 숙고하고 깨뜨리고 성장합니다. 그러고 나서야 엘리자베스가 드디어 다아시의 진짜 세계인 펨벌리로 여행하고 그의 진면목을 보게 되지요.

나아갔다 부딪쳤다 물러서고 나아갔다 부딪쳤다 물러서는 이 컨트리댄스의 리듬 속에서 두 사람은 서서히 변화하고 기존에 속해 있던 공동체의 규범에 불만을 갖게 되며, 차차 두 사람이 함께해야만 만들 수 있는, 세상에 없는 공동체의 형태를 꿈꾸게 됩니다. 사회 속에서 서로를 알고 서로를 사적으로 앎으로써 변화해서 그 변화를 통해 연대하고 다시 각자의 사회를 변화시키는 것입니다. 거듭되는 만남 속에서 두 사람은 죽고 다시 태어나고 죽고 다시 태어나며 허물을 벗고, 끝내는 주체적인 선택을 하고 성숙한 사랑을 할 수 있는 어엿한 어른으로 성장합니다. 이 사랑의 앎은 지성과 감정과 본능을 모두 아우릅니다. 다아시와 엘리자베스는 비수 같은 언어로 합을 겨루고 물러나지만 저변에서는 시선이 얽히고 몸이 전율하며 뜨겁게 달아오르지요.

나피시는 컨트리댄스와 같은 이 소설의 구조에서 정중앙에 놓여 있는 '대화(dialogue)'에 주목합니다. "거의 모든 장면에서 엘리자베스와 다아시는 지속적으로 대화를 나눈다. 실제일 때도 있고 상상일 때도 있지만, 이 대화는 뇌리에서 떨어지지 않는 강박처럼 타자와의 대화에서 자아와의 대화로 이어진다. 엘리자베스가 다아시와, 또 자기 자신과 나누는 이 대화에 복수의 다른 대화들이 따라붙는다." 이 역시 컨트리댄스처럼 공적인 맥락에서 교환되는 사적인 담론입니다. 너무나 여러 의미에서 선택할 자유를 박탈당한 이란이슬람공화국의 여성 영문학자에게 『오만과 편견』의 가장 근사한 장점은 "소설이 체현하는 다양한 목소리들"입니다. 여러 사람이 대화하고, 두 사람이 대화하고, 내면의 대화도 있고, 편지를 통한 대화도 있습니다. 갈등은 모두 대화로 시작되어 대화로 끝납니다. 이렇게 창출되는 다성음, 일관된 구조 안에 공존하는 다양한 목소리와 억양들이야말로 "이 소설의 민주주의적 면면"입니다.

> 오스틴의 소설에는 적대와 반감의 공간들이 있으나 살아남기 위해 상대를 제거하지 않아도 된다. 또한 자기성찰과 자기비판의 공간 — 단순한 공간이 아니라 필요성이 있다. 이런 성찰이 변화를 이끈다. 우리의 주장을 입증하는 데엔, 메시지도 필요 없고 노골적인 복수성의 요구도 필요 없었다. 다양한 목소리들이 이루는 이 불협화음을 읽고 감상하는 것만으로도 그 엄중한 민주주의의 책무를 이해할 수 있었다. 바로 여기에 오스틴의 위험성이 있었다.
> ― 같은 책.

저 또한 시시때때로 실감하지만, 소위 제3세계에서 서구 문학을 읽는 행위는 늘 문제적입니다. 그런데 자문화와 정면으로 충돌하는 외국 문화를 들여다보는 지적인 여성 독자들의 양가적 감정이 이 책에서는 유달리 쓰라리게 느껴져요. 테헤란에서 영문학을 읽는 것은 무력한 선망일까요, 대안적 상상일까요? 일 년의 징역과 공개적 태형의 위험을 감수하고 손톱에 매니큐어를 칠하고 여름에도 장갑을 끼는 제자를 보며 망명을 꿈꾸는 영문학자는 생각합니다.

사적인 것이 정치적이라고들 한다. 물론 그건 사실이 아니다. 정치적 권리를 위한 투쟁의 핵심에는 우리 자신을 보호하려는 욕망, 정치적인 것이 개인의 삶을 침범하지 못하게 막으려는 욕망이 있다. 사적인 것과 정치적인 것은 상호 의존적이나 결코 같지 않다. 상상의 영역은 그 사이를 잇는 가교로서 사적인 맥락을 참조해 정치적인 것을, 정치적인 맥락을 참조해 사적인 것을 쉬지 않고 재형성한다. 플라톤의 철학자 왕은 이 사실을 알았고 눈먼 검열자도 알았다. 그러니 이란이슬람공화국의 최우선 과제가 사적인 것과 정치적인 것을 가르는 선과 경계들을 흐려서 둘 다 파괴하는 일이었다는 사실은 놀랄 일이 아닐지도 모르겠다.

— 같은 책.

사적인 것과 정치적인 것을 잇고 서로의 관점에서 서로를 재창조하는 공간, 접촉과 대화와 성찰의 공간, 이것이야말로 우리가 위대한 문학작품을 읽는 진짜 이유가 아닐까요? 공장에서 찍어내듯 대량생산 대량소비되는 로맨스의 원형으로 오해받고 있지만, 사실 엘리자베스와 다아시의 사랑은 바로 이 사이의 공간, 금기를 넘는 대화와 접촉의 소통을 통해 사적인 것과 정치적인 것이 서로 재형성하는 상상의 영역을 장악해 남자와 여자의 사랑을 전복적으로 재발명했습니다.

우리가 읽은 위대한 책들은 하나같이 지배적 이데올로기에 도전장을 내밀었다. 그 책들이 그토록 위험하게 위협적이었던 건, 책이 하는 말 때문이 아니라 그 말을 하는 방식, 삶과 허구를 대하는 태도 때문이었다. 이 도전은 다른 어느 곳보다도 제인 오스틴의 경우에 가장 명징했다.
— 같은 책.

미래의 씨앗을 포착한 작가들:
오스틴과 바이런, 그리고 또

이번에는 전혀 다른 세계에 속하는 듯 보이는 두 작가의 특별한 인연을 소개할까 합니다. 바로 우리의 제인 오스틴과 조지 고든 바이런 경입니다. 멀고 또 가까운 인연이 얽히고설키는 이 이야기의 곁가지는 현대적 SF소설의 시초로 지목되는 『프랑켄슈타인』의 작가 메리 셸리와 최초의 컴퓨터 프로그래머로 일컬어지는 에이다 러브레이스에게로 뻗어나가서, 그들의 미래인 우리의 지금에 와 닿습니다.

이 소설은 소설가들이 흔히 쓰는 수법에 의지하지 않아요. 물에 빠지거나 큰불이 나지도 않고, 말이 미쳐 내달리지도 않고, 키우는 강아지나 앵무새, 하녀나 모자 만드는 재봉사도 없고, 결투나 위장도 나오지 않아요. 정말이지 내가 이때까지 읽어본 중 가장 개연성 있는 소설이라고 생각해요. 엉엉 눈물 나는 책은 아니지만 굉장히 강력하게 독자의 관심을 끄는데, 특히 다아시 씨가 그렇고요. 사랑스럽지 않은 인물들은 웃기고 재미있고, 하나같이 탄탄한 근거를 토대로 구축되어 있답니다.

— 애너벨라 밀뱅크가 어머니에게 쓴 편지에서.

1813년 애너벨라 밀뱅크는 『이성과 감성』의 작가인 "어느 숙녀"가 쓴 "대단히 뛰어난 새 소설"을 읽고 어머니에게 보낸 편지에 이런 감상을 적었습니다. 안일한 클리셰로 플롯을 이끌어나가는 당대의 다른 인기 소설과 제인 오스틴의 심리적 리얼리즘이 어떻게 달랐는지를 예리하게 짚어내는 이 글의 통찰에 대면 웬만한 현대 비평이 무색합니다. 『오만과 편견』의 매력을 정확히 꿰뚫어본 이 명석한 귀부인은 이 년 후에 이단아로 알려진 낭만주의 시인 조지 고든 바이런 경과 결혼합니다.

레이디 애너벨라 바이런은 당대 여성으로서는 흔치 않게 그리스·로마 고전, 과학, 윤리학 등 포괄적인 고등교육을 받은 수재로 특히 수학에 열정을 보여 바이런으로부터 '평행사변형의 공주'라는 별명까지 얻었답니다. 하지만 바이런의 불안정한 성격, 끊이지 않는 여자 배우들과의 추문, 심지어 이복누이 어거스타와의 염문설까지 불거지는 바람에 결혼 생활은 끔찍한 불행의 연속이었고 겨우 일 년밖에 지속되지 못했습니다. 1816년 애너벨라는 갓 태어난 딸을 데리고 남편을 떠나 영영 다시는 그를 만나지 않았습니다.

『오만과 편견』의 작가가 누구인지 그때 애너벨라는 몰랐겠지만, 사실 그들은 예상 외로 가까운 사이였습니다. 애너벨라와 조지 고든 바이런 부부가 신혼의 밀월을 보낸 장소는 요크셔의 할너비 홀이었는데요. 바로 이 장소에서 오십육 년 전인 1759년 첫 남편과 사별한 서른일곱 살의 칼라일 백작 부인 이저벨라 하워드가 스물세 살의 윌리엄 머스그레이브 경을 만나 책과 식물학이라는 공통의 열정을 매개로 사랑에 빠져 두 번째 결혼을 했거든요. 이저벨라의 본가는 바이런 경의 가문이었고 재혼한 윌리엄 경의 머스그레이브 가문에는 제인 오스틴의 대모가 있었답니다. 적어도 제인 오스틴은 이 멀고도 가까운 인척 관계를 잘 알고 있었습니다. 젊은 바이런 경을 시인으로서 흠모했고, 미완성 소설 『왓슨 가족』과 『설득』 등에서 머스그레이브/머스그로브라는 이름을 의미심장하게 쓰기도 했지요.

1775년 태어난 제인 오스틴과 1788년에 태어난 바이런 경은 흔히 전혀 다른 시대, 전혀 다른 사조, 전혀 다른 세계의 작가들로 여겨집니다. 그도 당연하지요. 둘은 모든 면에서 정반대처럼 보이거든요. 오스틴은 시골 목사의 딸로 금욕적인 삶을 살았고 바이런은 귀족 영주로서 방탕한 도시 생활과 화려한 여성 편력을 자랑했어요. 오스틴은 익명으로 소설을 출판했고 바이런은 당대에 필명을 떨쳤으나 동시에 악명도 높았습니다. 오스틴은 소박한 영국 성공회의 독실한 신도였으나 바이런은 스코틀랜드 청교도주의, 그리스정교, 오스만제국의 이슬람교와 지중해의 천주교를 모두 경험하고 무신론자로 남았지요. 물론 작품 세계의 차이야 말할 것도 없고요.

하나 오스틴과 바이런은 같은 시대적 대격변이 낳은 작가들입니다. 둘 다 길지 않은 생애에 프랑스혁명을 겪었고 기나긴 나폴레옹전쟁에 참전한 가족이 있었으며 나폴레옹이라는 인물에게 깊은 인상을 받았지요. 불과 이십여 년 사이에 그들의 세계와 사회는 불가역적으로 탈바꿈했습니다. 1815년 워털루전투를 기점으로 혁명과 전쟁은 끝나고 빈 체제가 수립됩니다. 유럽 전역에 보수적 왕정이 다시 옹립되고 요동치던 경제는 급속도로 안정기에 들어섭니다. 산업혁명이 태동하면서 부르주아 계급이 그 어느 때보다 부유하고 강고해졌습니다. 그리고 영국은 꾸준히 식민지를 확장하며 역사상 최강의 제국으로 발돋움하기 시작했습니다. 역사학자 폴 존슨은 바로 이 시기에 우리가 아는 세계의 핵심 속성, 즉 '현대성'의 기반이 갖춰졌다고 주장했지요. 오스틴과 바이런은 각자의 방식으로 창생하는 현대성, 다가온 미래의 씨앗을 비범하게 포착한 작가들이었습니다. 그리고 『12바이트』의 작가 지넷 윈터슨에 따르면 바로 이 "미래의 시작점"에 또 다른 "두 여자가" 있었습니다. "그 여자들의 미래가 우리의 현재"입니다.

애너벨라가 딸 에이다를 데리고 남편을 떠나겠다고 마음먹은 1816년, 바이런은 알프스산맥의 풍광이 펼쳐진 스위스 제네바호수의 빌라에서 휴가를 보내고 있었습니다. 절친한 친구 퍼시 비시 셸리와 그의 연인 메리가 함께 있었지요. 메리의 이복동생 클레어 클레어몬트가 바이런의 애인이었고요. 연일 쏟아지는 폭우에 집 안에 무료하게 갇혀버린 일행에게 바이런은 각자 초자연적인 이야기를 쓰자고 제안합니다. 하지만 남자들은 아무도 글을 쓰지 못했고, 당시 열여덟 살이었던 메리 셸리만 비 내리는 알프스에서 착상한 어두운 예언을 발전시켜 한 편의 소설로 완성했습니다. 인공지능의 도래를 내다본 『프랑켄슈타인』이었지요.

정작 바이런은 성마르게 짜증만 벌컥벌컥 내며 글쓰기는커녕 대화에도 제대로 집중하지 못했습니다. 딸의 양육권을 두고 벌어진 법적 분쟁 탓에 신경이 극도로 예민해져 있었던 탓이지요. 애너벨라에게 분노의 편지를 포화처럼 쏟아붓다 제풀에 지친 바이런은 딸의 양육권을 모두 포기하고 아예 영국 땅을 떠나 다시는 돌아오지 않습니다. 하지만 딸의 교육과 관련해 장황한 요구 조건을 제시했는데, 그중 첫 번째는 쓸데없이 아이가 시에 빠져 탈선하는 일이 없도록 하라는 것이었답니다. 애너벨라에겐 차라리 반가운 요구였지요. 딸에게 흐르는 바이런의 "나쁜 피"를 어떻게든 묽게 하고 싶었거든요. 그리하여 "영광스러운 아들"을 바랐던 바이런의 딸은 문학 근처에도 가지 못하고 수학 개인 교습을 받게 됩니다. 수학 교사한테서 여자가 머리를 너무 써서 섬약한 뇌가 손상될까 두렵다는 걱정을 들은 그의 이름은 에이다 러브레이스, 세계 최초로 펀치카드를 이용해 컴퓨터 소프트웨어 프로그램 구동 원리를 고안한 천재입니다. 기계가 숫자를 처리할 수 있다면 상징 또한 처리할 수 있다는 그의 주장은 인공지능의 도래를 이론적으로 예언했지요. 바이런은 불멸의 과학자로 역사에 남은 "영광스러운 딸"을 생전에 한 번도 다시 보지 못했습니다.

바이런이 애너벨라와 양육권을 두고 다투고 메리 셸리가 첫 소설을 쓰던 1816년에 마흔 살의 제인 오스틴은 이미 이름 모를 병에 걸려 서서히 죽어가고 있었습니다. 백혈병이라는 사람도 있고, 애디슨병이라는 사람도 있고, 이름 모를 자가면역질환이라는 사람도 있지만 확실한 사실은 단 하나, 그의 심신이 이상하리만큼 빠르게 쇠했다는 것뿐입니다. 출간된 소설들, 그중에서도 『오만과 편견』은 왕세자까지 좋아할 정도로 유명한 베스트셀러가 되었지만, 점잖은 집안의 딸이라 익명으로 불리한 조건의 출판계약을 맺었기에 생전에는 돈도 명예도 얻을 수 없었지요. 오스틴이 죽어가고 있던 그해 샬럿 브론테가 세상에 태어납니다. 오스틴이 세상을 떠난 이듬해엔 프랑켄슈타인의 괴물이 세상에 태어났지요. 우리의 현재인 그들의 미래는 그토록 성큼성큼 도래하고 있었습니다.

『오만과 편견』에 새겨진
메리 울스턴크래프트

자, 드디어 메리 울스턴크래프트와 『오만과 편견』에 관한 이야기를 들려드리려 합니다. 이야기는 1789년의 프랑스로부터 시작되어요. 프랑스혁명의 후폭풍으로 피비린내 나는 숙청과 공포정치가 이어지고 나폴레옹의 등장으로 유럽 전역이 요동치는 사이, 과거의 가치 체계와 세계관은 갈라지고 허물어졌습니다. 혁명을 지지하든 반대하든, 나폴레옹을 좋아하든 싫어하든, 이제는 그 누구도 앙시앵 레짐이 버티고 있던 이전의 세계로 돌아갈 수 없게 되었어요. 신분제 사회에서 구조적 불평등을 체감하던 지식인들에게 '자유, 평등, 박애'라는 기치의 울림은 떨쳐내기 힘든 매혹적인 울림이었으니까요. 특히 1791년, 로마가톨릭 교회와 소수 특권층의 전유물이었던 교육이 시민 모두가 받을 수 있는 제도로 선포되었을 때, 평민 남성들뿐 아니라 여성 지식인들 또한 기대감에 부풀었습니다.

하지만 문제가 있었습니다. 프랑스혁명에서 시민들이 내세운 '자유'와 '평등'이 특정 젠더에만 적용된다는 것이었어요. 실제로 우리가 흔히 '박애' '우애' '연대'로 번역하는 fraternité가 '형제애'라는 뜻에 가까운 단어이기도 하고요. 이를 교육 이야기로 한정해보자면, 혁명정권이 신속하게 이행한 주요 과제 하나가 바로 공화국의 시민을 양성하는 보편 교육의 시행이었는데, 이 보편 교육의 이론적 토대를 제공한 장자크 루소부터가 시민교육의 대상을 남자아이로 제한합니다. 그 유명한 『에밀』에서요. 이 책에서 루소는 야만에 가까운 자연 상태에 놓여 있던 남성인 에밀을 사회 구성원인 시민으로 성장시키는 한편, 여성인 소피는 가부장제에 종속된 가정 내에서 가르치도록 했습니다. 여성을 교육시킬 때는 이성이나 도덕이 아니라 순종과 겸양에 중점을 두어야 한다고 강조하면서요. 루소의 말을 직접 들어보시죠. "여성은 결코 스스로를 독립적인 존재라고 느껴서는 안 되며, 남자가 쉬고 싶어할 때는 언제든 한결 더 매혹적인 욕망의 대상, 한결 더 달콤한 동반자가 되어주어야 하고, 이런 존재가 되기 위해 애교 많은 노예로 변해야 한다. 이는 자연의 섭리에서 도출된 결론이다." 니콜라 드 콩도르세처럼 이런 성차별적 사고에 반대한 이들도 물론 있었지만, 결국 근대적 정치 주체의 젠더 표준은 남성이 되었지요.

메리 울스턴크래프트는 장자크 루소의 논지에 크게 실망했습니다. 당시 울스턴크래프트는 계몽주의적 사상을 바탕으로 일어난 시민혁명을 열렬히 지지했고, 이성과 도덕적 감정을 겸비한 공적 주체의 양성에 관심을 쏟고 있었거든요. 최초의 페미니즘 매니페스토인 『여성의 권리 옹호』는 바로 이러한 배경 속에서 탄생했습니다. 프랑스의 교육개혁 담당자에게 청원하는 형식을 띤 이 역사적 논고에서, 울스턴크래프트는 여성의 지적 열등성은 타고난 것이 아니라 교육의 불평등이 낳은 결과라고 주장합니다. 그 과정에서 울스턴크래프트는 여성을 무지와 순수에 가두려는 루소를 비판하고, 여성의 창조 이유를 남성에게서 찾은 존 밀턴을 비난합니다. 밀턴은 여성은 남성을 기쁘게 하기 위해 창조되었으며, 여성의 본성은 부드러움과 달콤함과 매력적 우아함이라고 주장했거든요. 아무튼 공화주의자인 루소와 밀턴 모두, 평등한 권리를 누릴 자격이 있는 이성과 도덕적 감정을 갖춘 개인, 즉 공화국 시민을 남성으로 국한합니다. 여성을 '감각'과 '관능'으로 충만한 '느끼는 존재'로 정의하고는 공적 영역 진출을 막고 사적 영역에 가두려고 했고요. 남성의 편의와 쾌락을 증진하는 보조적 존재로 격하하면서요. 루소와 밀턴 둘 다 똑똑한 여자는 위험한 팜 파탈이 될 수도 있다며 경계했어요. 똑똑한 여성은 기껏해야 부도덕한 유혹자가 될 따름이니, 다시 말해 여성이 '과도한' 교육을 받으면 남성을 자기 의지대로 좌우하는 '교활한 간계'만 발달할 테니, 차라리 관습적인 예절 교육만 잘 시켜서 지적으로 무력한 순수한 존재로 남겨두는 편이 낫다는 것이었지요.

울스턴크래프트는 당연히 영향력 있는 이 공화주의 이론가들의 노골적인 성차별주의에 분개했습니다. 울스턴크래프트가 볼 때 바람직한 교육은 이성적 추론과 체계적 사고를 통해 독자적 판단을 할 능력을 함양하는 과정입니다. 권위에 맹목적으로 휘둘리지 않도록요. 그렇지만 여성에게는 이러한 교육을 받을 기회가 없었습니다. 여성이 지적으로 열등한 존재처럼 보이는 것은 교육받지 못했기 때문입니다. 더구나 루소의 주장대로 여성에게서 지적인 사고 능력을 박탈하고 피상적이고 단편적인 습속만 체득시켜 "헛된 세련됨"을 추구하게 만든다면, 여성은 계몽되지 못한 채 예속 상태에 안주할 테고 "아름다움의 전제적 권력"에 취해 나약하고 열등한 존재로 남을 수밖에 없습니다.

메리 울스턴크래프트가 이 논고를 발표한 1792년 제인 오스틴은 열일곱 살이었어요. 교구 목사로 사학을 운영하던 아버지 조지 오스틴의 서재에는 남학생들을 위한 철학서와 고전이 그득했습니다. 이 서재의 책들을 마음껏 섭렵하며 누구 못지않게 지적인 개인으로 성장한 제인 오스틴은 성년의 문턱에 들어섰지만 그에게 허락된 인생행로란 오로지 결혼 후 가정의 꽃이 되는 것뿐이었습니다. 남자들에게만 허락되는 품질 높은 교육, 남자들에게만 허락되는 폭넓은 미래의 가능성을 지켜보며 막막한 박탈감이나 상실감을 느끼진 않았을까요? 대학에 다니던 큰오빠 제임스와 넷째 오빠 헨리는 특히 진보와 자유주의 가치에 공명했고 프랑스혁명의 동향에 관심이 많았습니다. 제인 오스틴은 오빠들을 통해 세간에 뜨거운 논란을 불러일으킨 토머스 페인이나 메리 울스턴크래프트의 글을 쉽게 접할 수 있었던 것으로 보입니다. 한창 반항심과 정의감에 불타오를 청년기에 막 접어들 무렵, 여자에게도 이성이 있으니 시민으로 키우고 교육하라는 메리 울스턴크래프트의 뜨거운 논고를 처음 읽고 가슴의 피가 끓어올랐을 제인 오스틴을 저는 자주 상상합니다.

실제로 메리 울스턴크래프트가 역사적인 논고를 발표한 후 불과 삼사 년 뒤에 제인 오스틴은 『이성과 감성』, 『오만과 편견』의 초고를 연달아 쓰기 시작하는데요, 제목만 보아도 오스틴이 루소와 울스턴크래프트의 논쟁에 얼마나 깊은 관심을 보였는지가 드러난답니다. 민감한 논쟁을 펼칠 때마다 울스턴크래프트는 "내가 오만하다고 비난받을지도 모른다. 하지만…"이라는 식의 소위 '쿠션어'를 썼고, 부나 계급에 따라 인간을 판단하는 맹목적 편견을 독립적으로 사유하는 이성적 주체의 가장 큰 적으로 지목하기도 했거든요. 물론 여기서 '오만(pride)'은 지적인 여성이 견지하는 강고한 '자존심(pride)'이기도 하지요. 울스턴크래프트는 "드문 능력을 소유할 경우 남성이건 여성이건 오만한 자긍심을 가지는 것이 인간에겐 매우 자연스러운 일"이라고 생각했거든요. 이처럼 '오만/자존심'과 '편견'은 울스턴크래프트의 논지에서 결정적인 열쇳말입니다.

하지만 제인 오스틴 최고의 걸작에 남겨진 울스턴크래프트의 진짜 자취는, 단어의 차원을 넘어 소설의 플롯과 캐릭터, 즉 그 뼈대에 깊숙이 새겨져 있습니다. 울스턴크래프트는 여성이 선천적으로 이성을 결여한 존재가 아님을 입증하고자, 교육과 제반 조건이 달라지면 남성 또한 여성 못지않게 겉치레에 신경 쓰며 허례허식에 찌든 인간이 될 수 있다는 논리를 펼치거든요. "언제나 여성과 관련하여 논의되었던 종속성이 남성에게도 역습을 가한다."

그러면서 여성과 마찬가지로 구조적으로 예속 상태를 벗어날 수 없기에 피상적 허위의식에 찌들기 쉬운 두 개의 남성 직업군을 거론하기까지 합니다. 바로 군인(울스턴 크래프트의 표현으로는 상비군)과 교구 목사입니다. 네, 바로 오만한 (자존감 높은) 엘리자베스 베넷의 오답 노트에 적힌 남편 후보들, 바로 위컴과 콜린스의 직업이랍니다. 먼저 울스턴크래프트가 설명하는 상비군(민병대)의 폐해를 살펴볼까요.

상비군은 결코 단호하고 강건한 남성들로 구성되지 않는다. 그들은 잘 훈련받은 기계들일지 모르지만, 그들 가운데 강한 감정의 영향하에 있거나, 혹은 매우 원기 왕성한 능력들을 가진 남성들은 드물다. 그리고 이해의 깊이와 관련해서라면, 나는 깊이 있는 이해가 여성들 사이에서와 마찬가지로 군대에서도 드물게 발견된다는 것을 감히 단언하고자 한다. […] 더 나아가 장교들은 특별히 자신의 육체에 주의를 기울인다는 것, 그리고 춤추기, 사람들이 꽉 들어찬 방들, 모험, 비웃음을 좋아한다는 것이 언급될지도 모른다. 여성처럼, 그들 필생의 사업은 남들의 관심이다. 그들은 남의 비위를 맞추도록 교육받았고, 그들은 오로지 남의 비위를 맞추기 위해서 산다. 그러나 그들은 성별로 인해 지위를 상실하지는 않는데, 그것은 그들이 여전히 여성들보다 우월하게 여겨지기 때문이다. […] 그들은 저속한 본성에 만족하여 편견의 먹이가 되고, 자신들의 모든 견해를 대가 없이 취하면서 맹목적으로 권위에 의존한다.

― 메리 울스턴크래프트, 『여성의 권리 옹호』(문수현 옮김, 책세상), 2018, 44~45쪽.

울스턴크래프트는 이것이 군인 개인의 본성보다는 상비군이라는 직업군 자체가 "자유와 양립 불가"하기 때문이라고 주장합니다. 복종과 엄격함을 강조하는 군사적 규율을 통해 "압제"하는 조직, 권력이 옹립된 일인자를 중심으로 움직이는 조직이기 때문입니다. "명예에 대한 낭만적 관념으로 고무된 정신과 시대적 유행에 기초한 일종의 도덕성을 느끼는 것은 몇몇 장교뿐"이고 "대다수 군인은 바다의 파도처럼 명령에 의해 움직"입니다. 따라서 "하는 일이라곤 여성을 유혹하는 것뿐, 세련된 태도 덕분에 화사하고 장식적인 의복 밑에 추악한 부도덕성을 감추"게 되는 것입니다. 의미심장하게도 울스턴크래프트는 "이런 게으르고 천박한 일군의 젊은 남성들이 간혹 시골에 체류하는 것보다 더 시골 마을 주민의 도덕성을 침해하는 것은 없다"라고 주장합니다. 상비군(민병대)의 주둔으로 도덕적 위험에 빠지는 시골, 이것이야말로 『오만과 편견』의 주축 플롯이 아니던가요.

민병대 군인 조지 위컴은 밀턴과 루소가 여자에게 부여한 역할, 즉 '애교 넘치는' '하렘의 정부' 같은 기교의 달인이지요. 본능적으로 '교활한 유혹자'이며 감각과 관능만 발달하고 도덕적 감정도 합리적 이성도, 여자인 엘리자베스 베넷보다 훨씬 '열등한' 인간입니다. 위컴의 '분위기'가 자아내는 헛된 매혹을 꿰뚫어보고 정신의 예속성을 파악해내는 연습이야말로 엘리자베스 베넷이 '독립적' 개인으로 성장하게 해주는 '미덕의 습관들'을 체득하는 과정 그 자체이고요. 이는 울스턴크래프트가 생각하는 여성의 성장과 정확히 일치합니다. 그는 여성이 지성을 지니고 '남편의 품성'을 부단히 평가하도록 교육하라고 주장했거든요.

만일 남성에 대한 여성의 의존을 인정하는 한에서만 여성의 모든 정신적 능력들이 길러진다면, 그리고 남편을 얻었을 때 여성의 목표가 달성되고, 여성이 그처럼 하찮은 명예에 만족한 채로 초라한 평온을 누린다면, 그녀로 하여금, 자신의 활동들을 통해서 동물을 넘어서는 존재가 되어보지도 못한 채, 그저 달가운 마음으로 굽실거리게 하라. 그러나 그녀가 숭고한 소명의 목적을 위해 분투하면서 현재의 장 너머를 바라본다면, 그녀로 하여금 남편 될 사람이 어떤 품성을 가져야 하는지에 대해 고려하기를 멈추지 않게 하고 자신의 지성을 함양하게 하라.

— 같은 책, 61~62쪽.

엘리자베스의 오답 노트에 오른 남편 후보 2번 콜린스 또한 울스턴크래프트가 굴종적 예속에 휘둘린다고 지목한 직업군에 속합니다. 바로 교구 목사인데요. 성직자는 군인보다는 개선의 기회가 있지만 "출세하려면 자신의 교구 목사나 후원자의 의견에 아첨"해야 하기 때문에 "신학교에서 신앙의 형태에 부여된 맹목적인 복종"을 "수련"하게 된다는 문제가 있습니다. 콜린스 씨가 레이디 캐서린 드 버그에게 처참하리만큼 비굴하게 아첨하는 『오만과 편견』의 설정이 울스턴크래프트의 논지와 정확히 일치하는 건 과연 우연일까요? 나아가 울스턴크래프트는 이런 예속적 직업군과 달리 자신의 영지를 지닌 신사만이 진정한 의미에서 자유를 구가할 수 있다고 했으니, 남편감의 정답이라 할 수 있는 다아시가 귀족의 혈통을 지녔으나 귀족이 아닌 신사 계급의 영주라는 것 또한 우연은 아닌 듯합니다.

그렇다면 울스턴크래프트가 생각하는 이상적 결혼의

형태는 무엇일까요? 울스턴크래프트는 무엇보다 자신이 "동료로서의 남성"을 사랑한다고 선언합니다. "그 개인의 이성이 나의 존경을 받아내지 못한다면, 그의 왕권이, 진정한 것이건 혹은 찬탈한 것이건, 내게까지 미치지 못한다"라고 했지요. 심지어 "존경하더라도, 그건 개인을 향한 것이 아니라 이성을 향한 것"이라고까지 말합니다. 즉, 가부장제의 결혼에서 여성이 남성을 사랑하는 것은 자유 시민이 훌륭한 지도자를 존경하는 것과 다르지 않습니다. 그 말은 남성이 합당한 자격도 없이 오로지 맹종을 요구하는 폭군이라면 여성이 무조건 복종할 이유도 명분도 없다는 뜻이지요. 가부장제를 겨냥한 울스턴크래프트의 논의는 전제군주제의 폭정을 겨냥한 당대 혁명가들의 주장을 그대로 차용하고 있습니다. 무조건적 복종을 요구하는 억압적 위계가 아니라 서로가 서로의 이성과 덕성을 존중하는 평등한 동료애, 즉 fraternité가 결혼의 토대가 되어야 한다는 것이지요.

울스턴크래프트는 자신이 상상하는 이상적 결혼 생활을 "각자가 각자의 지위에 따르는 의무들을 이행하기 때문에 대등하게 서로를 필요로 하면서도 또 서로 독립적인 이 부부는 인생이 줄 수 있는 모든 것을 가졌다고 생각했다"라는 문장으로 표현하는데요. 이것이야말로 『오만과 편견』의 결말에 다아시와 엘리자베스가 다다르는 경지가 아닌지요!

제인 오스틴의 『오만과 편견』은 (그리고 또 다른 의미에서 『이성과 감성』 또한) 흡사 메리 울스턴크래프트의 『여성의 권리 옹호』를 그대로 소설로 풀어썼다 해도 과언이 아닙니다. 엘리자베스 베넷이 위험한 난봉꾼인 민병대 위컴과 비굴한 아첨꾼인 교구 목사 콜린스에게 예속되기를 거부하고, 자신을 동료로 인정하는 다아시를 이성적으로 존경하기에 결혼을 결심하는 과정은, 메리 울스턴크래프트가 지향하는 지적 여성의 교육 목표와 정확히 일치하기 때문입니다.

그렇다면 제인 오스틴은 왜 울스턴크래프트의 논고를 소설로 다시 썼을까요. 아마도 루소의 『에밀』이나 밀턴의 『실낙원』이 지닌 허구의 파괴력을 실감했기 때문은 아닐까요. 필립 시드니 경이 말했듯 "당의정" 같은 문학의 힘으로 포장해 울스턴크래프트의 주장을 더 많은 사람들에게 더 거부감 없이 전파하고 싶었던 건 아닐까요. 어쩌면 문학이 지닌 '설득'의 힘을 너무나 잘 알았기 때문이겠지요.

너드 로맨스의 창시자

제인 오스틴의 소설에서 남자 주인공의 직업은 상당히 중요합니다. 어떤 직업이 가장 많이 등장할까요? 물론 신사 계급의 지주들(『오만과 편견』의 다아시, 『에마』의 나이틀리, 『이성과 감성』의 브랜던 대령)을 가장 먼저 떠올리게 되지요. 자수성가한 해군 대위가 한 사람(『설득』의 웬트워스 대위) 있고요. 직관적으로 '멋있는' 직업군입니다. 그런데 로맨스 소설의 남자 주인공으로는 조금 의아한 직업군이 있답니다. 목사지요. (목사라니요!) 『이성과 감성』의 에드워드 페라스, 『노생거 애비』의 헨리 틸니, 『맨스필드 파크』의 에드먼드 버트럼이 모두 교구 목사로, 무려 영지를 소유한 신사와 동률을 이루고 있어요. 목사와의 연애와 결혼이라니, 생각만 해도 정말 '하나도 안 낭만적'이지 않습니까? 저는 솔직히, 현대의 독자들에게 『노생거 애비』나 『맨스필드 파크』, 『이성과 감성』이 『오만과 편견』, 『에마』, 『설득』만큼 사랑받지 못하는 데 남자 주인공의 직업이 큰 기여(?)를 하고 있다는 의심을 품고 있답니다.

제인 오스틴 시대의 영국 성공회 목사는 개신교 목사와 전혀 다른 직업이긴 했습니다. 헨리 8세가 주도한 영국의 종교개혁은 루터가 주도한 개신교 운동과는 전혀 양상이 달랐고요. 천주교의 교구제와 전례 의식을 상당 부분 그대로 두고 수장만 교황에서 국왕으로 바꾸었기 때문이지요. 에드워드 6세가 영어로 공통 전례 기도서를 발간하고 성직자 결혼을 허락하고 성상을 제거하는 중요한 혁신을 단행하고 제임스 1세가 국가 공인 영어 성경을 보급하면서 영국 교회의 교리가 차츰 루터파나 칼뱅파의 개신교에 가까워지긴 했습니다만, 천주교 교회 소속이었던 교구는 그대로 귀족의 영지로 편입되어 지역사회의 중심으로 남아 있었습니다. 영주는 지역의 영지 내에 교구 본당과 목사관을 짓고 운영할 책임이 있었고요. 조금 더 이야기를 해보면, 지역의 교구 목사는 보통 파슨(parson)이라고 불렸고, 이 파슨은 렉터(rector, 교구장)와 비카(vicar, 교구 목사)로 나뉘었어요. 렉터는 교구 본당의 책임 목사로 본당을 운영하면서 얻는 수입 전액과 함께 신도들에게서 걷는 십일조도 받을 수 있었습니다. 비카는 본당이 수도원이나 다른 귀족에게 귀속된 경우 교구 운영을 맡아 정해진 급여와 십일조의 일부만 받을 수 있었고요. 따라서 같은 목사관(parsonage)이라고 해도 렉터관(rectory)과 비카관(vicarage)은 차이가 있습니다. 중요한 사실은, 교구 목사의 임명권이 전적으로 영주에게 있었다는 사실입니다. 목사의 급여 또한 영주의 손에 달려 있었지요. 따라서 특히 비카는 때로 자신들의 목줄을 쥔 귀족과 수도원장에게 비굴하게 아첨하지 않을 수 없었습니다.

그렇다면 누가 목사가 되었을까요? 여기서 제인 오스틴이 가장 문제적으로 바라보는 사회적 제도가 다시 등장합니다. 바로 장자만이 영지를 상속받을 수 있다는 한정 상속법입니다. 이 세계에서 지주의 장남으로 태어나면 평생 일하지 않고 부유하게 먹고사는 안락한 삶을 보장받을 수 있었습니다. 그러나 차남(이하 삼남, 사남 등)이나 여자로 태어나면 문제가 복잡해지지요. 여자는 직업을 가질 수 없던 시대였고, 그럼 차남은 어땠는지 살펴볼까요. 상속받을 수 있는 현금 자산이 없다면 이들은 대부분 직업을 찾아 일을 해야 했어요. 그런데 안락한 성장 과정을 보내며 신사 계급의 삶에 익숙해진 이들이 사회적 체면을 고려해 선택할 수 있는 직업은 그리 많지 않았답니다. 부유한 짝을 만나 결혼하면 제일 좋았겠지만 그러지 못한다면 택할 수 있는 직종은 딱 네 가지, 의사, 법률가, 군인, 목사였습니다. 전문직(profession)이라고 불린 이 직업을 가지면 신사의 품위를 그럭저럭 유지할 만큼 돈을 벌 수 있었습니다. 기타 새롭게 떠오르는 직종으로 상인과 사업가가 있었지만, 신사의 개념이 아직 이 직업을 품지 못했던 시절이고요.

이들 직업 중 목사에 대해서 이야기해보려고 합니다. 말씀드렸던 것처럼 목사는 당시 의사, 법률가, 군인과 함께 최고의 전문직으로 손꼽혔는데요, 이 시기 영국의 목사는 오늘날로 치면 인문학자라고 할 수 있습니다. 옥스퍼드와 케임브리지에서만 해도 전문 학위 과정에서 법학, 의학과 함께 신학을 가르쳤고요, 18세기 말과 19세기 초의 신학은 윤리학이나 철학과 뚜렷하게 구분되지 않았습니다. 따라서 읽고 쓰고 생각하는 '공부'를 좋아하는 신사 계급 남자들은 읽고 쓰고 가르치고 교구 행정 업무를 처리하는 목사직을 선호했습니다. 사교계에서 부유한 숙녀의 마음을 사거나 남자 동료들과 호방하게 어울리는 성격이 아닌 남자들, 낯가리고 내성적이고 책을 좋아하는, 말하자면 당대의 '너드'들이 선택하는 직종이었던 셈이에요. 『맨스필드 파크』의 에드먼드 버트럼과 『이성과 감성』의 에드워드 페라스가 제인 오스틴이 사랑하는 대표적인 너드 캐릭터입니다. (물론 다아시와 나이틀리도 직업과는 별개로 너드가 아니라고는 말하기 어렵지만요.) 이들은 신분과 돈이 모든 것을 좌우하는 자기와 맞지 않는 세계에서 부대끼며, 책과 자연을 좋아하고 가정의 행복을 소박하게 꿈꾸는 소수에 속했지요. 제인 오스틴은 여자 주인공이 수줍고 서투른 너드의 숨겨진 매력을 발견하고 솔메이트가 되도록 이끌었던, 소위 '너드 로맨스'의 창시자이기도 합니다.

직업에 관한 이야기로 돌아오면, 오스틴 소설에서의 중심 문제는 자립으로 귀결됩니다. 당대의 열쇳말이었던 '(경제적) 자유'라고 해도 좋겠지요. 앞서 여성의 자유에 관한 메리 울스턴크래프트의 논의를 소개하기도 했지만, 경제적으로 자립할 수 없어서 자기 운명을 스스로 선택할 수 없었던 건 목사도 마찬가지였습니다. 울스턴크래프트는 목사를 두고 지식인이라 성찰적 사유 능력은 훌륭하지만 생계를 전적으로 타인에게 의탁하기 때문에 예속 상태에서 벗어나기 어렵다고 지적했지요. 『이성과 감성』의 에드워드 페라스가 대표적이에요. 그는 상속재산을 무기처럼 휘두르는 폭군 같은 모친의 노예나 다름없습니다. 그런 면에서 아버지의 재산을 상속받을 수 없어 빈

곤한 상황에 놓인 엘리너 대시우드와 신세가 크게 다르지 않지요. 두 사람의 부자유는 삶을 구성하는 일과 사랑을 스스로 선택하지 못하는 형태로 나타납니다. 어머니에게 경제적으로 예속된 에드워드 페라스는 원하는 삶의 형태도, 좋아하는 사람도 스스로 선택할 수 없습니다. 그의 우울증은 부자유한 청년의 무기력을 잘 보여줍니다. 책을 좋아하고 내성적인 그는 사실 공부하고 글을 쓰고 사람의 마음을 돌보는 목사가 되고 싶지만 야심만만한 가족이 원하는 '번듯한' 전문직이 아니라서 아무것도 하지 않는 우울한 한량으로 살고 있지요.

"저 역시 이 문제를 오래전부터 생각하고 있습니다." 그가 대답했습니다. "예전에도, 지금도, 또 앞으로도, 몰두할 사업도 없고 전념할 직업도 없고 자립 비슷한 것조차 누릴 수 없는 제 처지가 제게는 무거운 불운입니다. 그러나 불행히도 저 자신도 그렇고 친구들도 그렇고, 까다롭고 까탈스러운 탓에 제가 지금의 제 모습으로, 그러니까 이처럼 게으르고 무기력한 존재로 살게 된 겁니다. 직업 선택에 관한 한 저희는 절대로 의견 일치를 볼 수 없을 겁니다. 저는 늘 교회가 좋았고, 지금도 여전히 그렇습니다. 하지만 목사는 저희 가족한테는 충분히 멋지고 세련된 직업이 못 되죠. 가족들은 제게 육군을 추천했는데요. 저한테는 그건 또 지나치게 멋지고 세련된 일이란 말입니다. 그러니까 변호사 정도면 품격이 떨어지지 않고 괜찮다고 하더라고요. 템플 지역에 사무실을 두고 최상층과 어울리며 사교계에 얼굴을 비추고 굉장히 세련된 마차를 타고 런던을 돌아다니는 젊은이들이 많다면서요. 하지만 저는 법률에는 전혀 뜻이 없어요. 가족들은 그렇게 어렵게 학문적으로 파고들지 않아도 된다고 했지만, 그것도 싫었어요. 해군도 나름대로 사회적 특권이라는 장점이 있었지만, 그 얘기가 나오기 시작할 즈음 저는 이미 입대 연령보다 나이가 많았고요—그러다가 결국은, 제가 꼭 직업을 가져야 할 이유가 있는 것도 아니고, 빨간 육군 제복을 걸치건 아니건 어차피 기세등등하게 살면서 돈도 많이 쓸 테니까, 전체적으로 보아 놀고먹는 게 가장 저를 돋보이게 하는 명예로운 일이라고 결정이 난 거죠. 일반적으로 열여덟 살 청년이 아무것도 하지 말고 놀기만 하자고 꼬드기는 친구들을 물리치고 바쁘게 뭔가에 몰두하긴 어려우니까요. 그래서 저는 옥스퍼드에 들어갔고, 그 후로 지금까지 아주 제대로 놀고먹는 중입니다."

[…]

"저런, 저런. 이게 다 지금 기분이 울적해서 나오는 말이에요, 에드워드. 기질이 우울해서 자기와 다른 사람은 분명 행복할 거라고 상상하는 거지요. 하지만 친구들과 헤어지는 고통은, 교육이나 신분과 상관없이 누구나 가끔 느끼는 감정이랍니다. 당신이 가진 행복을 알아야 해요. 당신에게 모자란 건 인내심밖에 없어요—아니, 그걸 좀 더 매력적인 이름으로 불러봅시다. 희망이라고 하죠. 때가 되면, 지금 그토록 초조하게 원하는 자립을 모친께서 반드시 하게 해주실 거예요. 그게 어머니의 의무니까요. 틀림없이, 아니, 반드시, 그리 머지않아 아들이 불만으로 청춘을 허비하지 못하게 막는 일을 당신의 행복으로 삼으시겠지요. 몇 달쯤 기다린다고 뭐가 얼마나 달라지겠어요?"

"제 생각엔, 몇 달이 흐르고 또 흘러도 무엇 하나 좋아질 것 같지가 않습니다." 에드워드가 대답했습니다.

—『이성과 감성』, 1부 19장.

나중에 에드워드는 결국 목사직 서품을 받게 되지만 그 상황은 이때의 바람과는 전혀 달랐어요. 어렸을 때 실수로 했던 약속을 지키기 위해서 가족이 원하는, 즉 신분 상승을 보장하는 결혼을 거부하고자 목사가 되기로 결심하는 것이니까요. 이에 맞서 모친인 페라스 부인은 매정하게도 영지 상속권을 박탈하고 전문직을 가질 경우 출셋길을 모조리 막아버리겠다고 협박하지요. 목사직은 상속 영지가 없는 신사 계급의 청년들이 독식하는 것이었기에 인맥이 결정적이었습니다. 따라서 모친이 연을 끊는 순간, 웬만한 영지에서 교구를 구하는 건 불가능한 일이 되어버리는 셈이었지요. 에드워드는 장자로서 거대한 영지의 상속권마저 포기하고 실수일지언정 자기가 했던 약속을 끝까지 지키는 선택을 합니다. 그러자 다른 사람들은 앞으로 그가 맞닥뜨릴 가난한 삶을 이처럼 냉랭하게 예측하지요.

"직장을 가질 때까지 기다린다니! ─ 글쎄요, 그런 얘기가 어떻게 끝날지야 우리 모두 빤히 알고 있잖아요 ─ 일 년쯤 기다리다가 좋은 소식이 없으면 일 년에 오십 파운드짜리 부목사 수입에다 그이가 가진 이천 파운드에서 나오는 이자, 스틸 씨와 프랫 씨가 루시한테 줄 수 있는 적은 돈으로 살림을 차리겠지요 ─ 그리고 해마다 아기를 낳을 테고! 그러면, 세상에, 주님! 얼마나 가난하게 살겠어요! ─ 집 안에 가재도구라도 마련하게 나라도 돈을 좀 줘야겠어요."
─『이성과 감성』, 3부 2장.

하지만 엘리너는, 바보같이 우직하게 다른 여자와 결혼하겠다는 약속에 매달리는 그를 더욱더 사랑하게 됩니다. 돈이나 권력이 아니라 무형의 인간적 가치, 윤리와 정의를 앞세우는 그의 용기 때문이지요. 에드워드가 모친에게 반항하고 가난한 삶을 불사하는 힘은 독재와 폭거에 맞선 항거의 형태였고요. 제인 오스틴에게 사랑은 세계의 폭압적 기준에 맞서 윤리적 품격을 획득하려는 개인의 분투와 분리할 수 없는 감정이었습니다.

제인 오스틴이 가장 잘 알고 누구보다 깊이 사랑했던 남자, 아버지 조지 오스틴은 목사였습니다. 영지가 없는 신사의 아들로 태어나 어린 나이에 고아가 되었고, 친척들의 선의에 기대어 생계를 유지해야 했지요. 그의 아동기를 살펴보면 학대의 흔적도 찾아볼 수 있습니다. 하지만 부유한 친척의 선의로 대학 교육을 받고 햄프셔 카운티 스티븐턴의 시골 교구 본당 목사로 취임합니다. 그때 그의 나이는 이미 서른여덟 살이었고 스물아홉 살의 젊은 아내는 사 년 사이 세 아이를 낳고 시름시름 건강을 잃어 가고 있었습니다. 누나 필라델피아의 남편이었던 타이소 행콕이 가난한 처남의 식구가 빠른 속도로 늘어나는 걸 걱정할 정도였습니다. 그러니 "그런 얘기가 어떻게 끝날지야 우리 모두 빤히 알고 있잖아요"라고 썼을 때 오스틴은 누구보다 그 삶을 잘 알고 있었을 거예요. 하지만 제인 오스틴은 목사가 된 에드워드와 엘리너의 결혼을 해피엔드로 장식했습니다. 스티븐턴 목사관에서 여덟 남매를 키우는 삶은 물론 팍팍하고 쉽지 않았겠지요. 세상 사람들의 눈에 '성공'이라 여겨지지도 않았을 겁니다. 하지만 제인 오스틴에게 스티븐턴의 목사관은 그 어느 대저택 부럽지 않은 따뜻한 집이었고 올바른 지식인들의 공동체였으며, 그들의 정신적 지주였던 아버지는 누구보다 훌륭하게 행복한 가정을 지켜낸 수호자였습니다.

텍스트의 환영을 쫓는 순례자들

여행은 모두 순례가 아닐까요. 이름을 잃고 편편이 바스러져 세상 곳곳에 박힌 신의 반짝이는 흔적을 찾으려고 우리는 여행을 떠나는 게 아닐까요. 하늘로 치솟은 설산의 준봉을 바라보며 감탄할 때, 우레처럼 땅을 울리며 수억 수천만 방울로 흩어지는 거대한 폭포수를 바라보며 말을 잃을 때, 낯선 언어 낯선 머리색 낯선 얼굴의 사람들이 오가는 지구 반대편 화려한 메트로폴리스의 번화가에서 구걸하는 노숙인의 익숙한 눈길과 문득 마주칠 때, 박물관의 유리 상자 속 해독할 수 없는 문자로 쓰인 사랑과 비애의 고백을 볼 때, 미술관에서 물감 범벅의 캔버스에 이유 없이 가슴이 두근거릴 때 우리를 얼핏 스치는 그것. 우리가 찾으러 온 그것은 미소하게 바스러진 영원의 단편이 아니던가요.

2025년 6월 30일부터 7월 11일까지 십이 일에 걸쳐 JASNA(북미제인오스틴학회)에서 주관하는 여행을 함께하고 돌아왔어요. 이 글에서는 여행의 기록을 조금 나눠보려 합니다. 제인 오스틴이라는 작가를 사랑해서 세계 각지에서 모인 스물다섯 사람이 제 동행이었지요. 멕시코에서 제인 오스틴의 번역사를 연구한다는 신시아. 제인 오스틴의 『에마』 초판본을 경매에서 구입한 적 있다는 폴. 할머니와 어머니와 딸, 삼 세대가 함께 여행을 온 에밀리의 가족. 코끝에 안경을 걸친 뜨개질을 좋아하는 미네소타의 호호 할머니 린다. 린다는 『목요일 살인 클럽』의 주인공처럼, 알고 보니 냉전 시대 러시아까지 활보했던 엄청난 모험가였어요. 그리고 아내가 늘 읽어주는 오스틴 소설에 매료되어 함께 여행을 왔다는 호기심 많고 다정한 스티브. 증권 브로커였다가 9.11을 계기로 그만두고 완전히 새로운 관점으로 삶을 바라보게 되었다는 앤지. 첫 저녁 식사 자리에서 자신을 소개하고 각자의 삶에 녹아든 오스틴의 이야기를 나누다보니 왠지 성 토머스 베케트의 유골을 찾아 떠난 순례자들의 복작복작한 사연들인 『캔터베리 이야기』가 생각나 속으로 웃었습니다. 영원한 것, 반짝이는 것, 사랑스러운 것, 다정한 것… 짧은 생에서 중요한 것, 사라지지 않는 그 무언가를 찾아 세계 각지에서 모여든 우리는 성자 베케트가 아니라 각자의 삶에 각자의 방식대로 녹아든 작가 제인 오스틴을 따라왔어요. 하나도 닮은 데가 없는 사람들이 하나의 마음으로 길 위에서 잠시 둘도 없는 공동체가 되었지요. 그러고 보면 『캔터베리 이야기』가 세계 최초의 열혈 팬덤 패키지 투어리즘 여행기인 것 같기도 합니다만.

아무튼 2025년 7월 1일 우리는 말과 마차가 아니라 승합차를 타고 제인 오스틴의 발길이 스친 곳들을 찾아 출발했습니다. 처음 찾은 곳은 서리주 부컴의 성 니콜러스 교회였어요. 이곳은 제인 오스틴의 대부였던 새뮤얼 쿡이 목사로 재직했던 교회입니다. 새소리 바람 소리로 한없이 평화롭던 청명한 여름날, 묘석이 즐비한 작은 교회에 들어섰지요. 영국의 교회들은 늘 마당에 공동체의 죽음을 품어 안고 있습니다. 파문당해 교회의 마당에 묻히지 못한다는 게 얼마나 무서운 일이었을지, 작은 마을 교회 마당에 평화롭게 늘어선 묘석을 보면 알 것 같아요. 삶과 죽음이 함께 일상의 곁에 녹아들어 그 둘 사이의 거리가 멀게 느껴지지 않습니다. 열정적 신심에 불붙이기보다는 일상에서 공동체의 핵심으로 기능한 성공회 교회의 기조를 가늠할 수 있습니다. 축하도 애도도 출생도 죽음도 공동체의 의례로 기억되고 공동체의 공간에 새겨집니다. 이 지역은 양차 세계대전의 격전지이기도 해서 무수한 병사들이 한꺼번에 매장되기도 했어요. 부컴의 성 니콜러스 교회도 예외는 아니어서 병사들의 검은 실루엣이 묘석 사이에 세워져 있습니다. 전쟁 공동묘지(Common War Grave)의 표식이지요.

성공회 교회에서는 대모와 대부의 역할이 매우 중요했습니다. 대녀의 구원, 신앙, 순종을 위해 평생 기도한다는 서약을 하고 세례성사 때는 아이를 위해 악마를 물리치는 역할을 맡지요. 따라서 제인 오스틴은 새뮤얼 쿡 목사를 여러 번 의무적으로 방문해야 했지만, 그리 즐거워했던 것 같지는 않아요. 1799년 커샌드라에게 보낸 편지에 "언니만큼이나 나도 부컴에 가는 게 생각만 해도 무섭고 싫단 말이야"라는 내용이 있거든요. 1799년이라면 두 자매가 결혼하라는 압박을 심하게 받을 무렵이라, 아마도 친척의 잔소리가 싫었던 건 아닌가 짐작해보게 되네요. 『오만과 편견』의 콜린스 씨를 비롯한 젠체하는 목사들의 모습 어딘가에 새뮤얼 쿡이 새겨져 있을 거라 짐작하는 사람들도 있고요. 어쨌든 제인은 1799년 5월 14일부터 6월 2일까지 이곳에 머물렀으니 바로 이 신도석 어딘가에 앉아서 예배를 보았을 거예요. 이곳 교회에는 무릎을 꿇고 기도할 때 쓰는 '닐러(Kneeler)'라는 쿠션이 있는데, 목사님과 교회분들은 "제인 오스틴 닐러"가 있다면서 자랑을 하시더군요.

아무리 싫어도 좁은 터전을 떠나 타지를 방문한 경험만큼은 결코 헛되지 않아서 제인은 1801년부터 이곳을 배경으로 『왓슨 가족』을 집필하기 시작합니다. 이 소설의 배경 스탠턴은 그레이트부컴에 인접한 웨스트험블입니다. 『왓슨 가족』에 "서리의 D. 마을"로 등장하는 도킹이 오 킬로미터 거리에 있고 베치워스 캐슬 또한 가까워서 『왓슨 가족』에 등장하는 오즈번 캐슬의 모델이 아닐까 추정한다고 해요. 하지만 오스틴 순례자에게는 1799년만큼이나 1814년의 방문도 의미 있게 보입니다. 1814년 새뮤얼 쿡 목사는 『맨스필드 파크』를 몹시 감명 깊게 읽었다면서 "이제까지 읽은 중 가장 사리 분별이 똑바른(sensible) 소설"이라는 찬사와 함께 제인을 다시 한번 초대합니다. 제인은 은근히 이 칭찬이 좋았는지 부컴을 또다시 방문하게 되었지요. 이때 제인은 한창 『에마』를 쓰던 중이었어요. 조카 제임스 오스틴에 따르면 제인이 직접 『에마』의 배경인 하이버리가 그레이트부컴에 인접한 레더헤드라고 말했다고 합니다. 그러고 보니 『에마』에도 콜린스 씨 못지않은 진상 목사 캐릭터 엘턴 씨가 등장하는데 이건 우연일까요?

우리의 첫 순례는 『에마』에서 그 유명한 피크닉의 배경이 된 복스힐에서 서리를 조망한 기억으로 절정에 달합니다. 성 니콜러스 교회에서 버스를 타고 복스힐까지 가는 길에 가이드 메리앤이 그 장면을 통째로 읽어주었습니다. 그러다 갑자기 아무것도 없는 휑한 숲길에 버스를 세웠는데, 그곳에서 숲이 우거진 작은 산길을 십 분쯤 내려가니 터널 같은 덤불 숲길이 갑자기 뚝 끊기고 사방이 탁 트인 풀밭 언덕이 나오는 거예요. 지평선 끝까지 이어진 서리의 올망졸망한 숲과 평원, 마을과 농지의 정경이 한눈에 들어오는 그 뜻밖의 풍경이 너무나 아름다워서 다들 탄성을 지를 수밖에 없었습니다. 바로 에마와 일행이 그 유명한 피크닉을 즐긴 장소였습니다. 『에마』에서는 이 풍경을 이렇게 표현하고 있습니다.

> 달콤한 풍경이었다 — 눈에도 마음에도 달았다. 영국의 녹음, 영국의 문화, 영국의 위로. 환한 햇살 아래 보니 답답하지도 않았다.
> ―『에마』, 3부 6장.

남들이 보면 그냥 전망 좋은 언덕일 뿐이지만, 우리의 눈에는 공유한 환상이 서린 곳이었습니다. 하긴 성지란, 원래 그런 것이 아니던가요. 믿는 사람들에게만 숨겨진 의미의 특별한 빛을 발하는 장소. 우리는 미스 베이츠에게 얄궂고 잔인한 말을 쏘아붙이는 에마와 알 수 없는 눈빛으로 지켜보는 나이틀리 씨를 그 언덕에서 틀림없이 보았어요. 우리는 복스힐의 전망 좋은 언덕에서 같은 텍스트에서 살아난 같은 환영을 보며 한참을 떠나지 못하고 머물렀습니다. 지금 돌이켜보면 그 순간의 기억에도 마법으로 반짝이는 요정 가루가 묻어 있네요. 같은 작가의 같은 책을 같은 마음으로 읽는 것뿐, 그 어떤 공통점도 없는 스물다섯 명. 사랑하는 텍스트의 환영을 쫓는 순례길의 시작이었습니다.

증조할머니의 위대한 유산

JASNA에서 주관하는 제인 오스틴 투어의 특별한 점이라면, 거의 매일 각지의 교회를 방문해 제인 오스틴의 삶과 작품 세계에 관해 짤막한 강의를 듣는 시간이 마련되어 있다는 점이에요. 처음 이삼일은 그중에서도 오스틴의 가족 계보에 관한 설명을 많이 듣게 되었지요. 같은 이름의 오스틴들이 어찌나 많은지 나중에는 무수한 프랜시스들과 존들과 헨리들에 정신이 멍해질 지경이 되기도 했지만 켄트 카운티로 이동한 후 호스몬든의 성 마거릿 교회에서 들은 어느 날의 강의만큼은 또렷하게 기억이 납니다. 제인 오스틴의 증조할머니인 엘리자베스 웰러라는 걸출한 여장부의 파란만장한 일대기였어요. 이전까지 이름도 들어보지 못한 소도시 교회에서 처음 들은 이 이야기는 제가 제인 오스틴을 공부하며 꾸준히 관심을 가지고 있던 하나의 질문, 즉 '제인 오스틴처럼 독창적인 작가는 어떻게 만들어지는가?'라는 의문에 답해줄 퍼즐의 한 조각을 제 손에 쥐여주었지요.

제인 오스틴의 증조할머니 엘리자베스 웰러는 교통의 요지이자 번창하는 시장 마을이었던 턴브리지의 유복한 법률가 집안에서 태어나 같은 켄트 출신의 존 오스틴 4세와 혼인해 호스몬든 근교로 이주했습니다. 엘리자베스의 시아버지인 존 오스틴 3세는 켄트 카운티의 브로드퍼드 지역에서 생산되는 두꺼운 모직물 브로드클로스(Broadcloth)를 거래하는 무역으로 큰 재산을 일구어 지역 일대의 토지를 소유한 부자였지요.

엘리자베스 웰러는 대저택에서 편안한 성장기를 보냈지만 "빚이 생긴다는 생각"만 해도 "마음이 불편해진다"고 말할 정도로 경제관념이 반듯했던 것으로 알려집니다. 반면 남편 존 오스틴 4세는 상속받을 유산을 믿고 아내 몰래 재산을 탕진했을 뿐만 아니라 어마어마한 빚을 지고 다녔답니다. 하지만 막대한 유산을 상속받아 빚을 탕감하기는커녕 오히려 자신의 아버지보다 먼저 세상을 떠나게 되지요. 엘리자베스의 시아버지는 죽음을 앞둔 아들에게 남은 가족을 돌봐주겠다고 약속하지만, 막상 아들이 세상을 떠나자 말을 바꿉니다. 그리고 한정 상속법에 따라 첫째 손자에게 모든 유산을 물려주었어요. 서른세 살에 남편을 잃고 남편 생전에는 있는 줄도 몰랐던 거액의 부채만 떠안게 된 엘리자베스는 슬하의 일곱 남매를 혼자 양육해야 했습니다. 곱게만 자란 젊은 귀부인이었으니 절망하거나 우울한 무기력에 빠질 수도 있었을 텐데, 엘리자베스는 놀라운 저력을 발휘합니다. 가구와 은식기를 팔고 저택을 고액으로 세놓은 후 적극적으로 일자리를 찾아나선 것입니다. 체면을 중시하는 중산층 귀부인으로서는 충격적으로 이례적인 행보였습니다. '일하지 않고' 자산 소득으로만 먹고살아야 한다는 당시 신사 계급의 자존심을 버리고 실속 있는 생활력을 보여주며 자녀의 교육을 우선순위에 두었기 때문입니다. 엘리자베스는 아이들의 교육을 무상으로 제공받는다는 조건으로 근교의 세븐오크스 남학교에 취직해 기숙사를 관리하면서 청소와 요리 같은 하우스키핑 업무를 맡게 됩니다. 엘리자베스는 남편이 사망하고 일 년 뒤인 1705년부터 1719년까지, 식비, 자녀 학비, 이자 상환액 등 살림에 쓴 모든 비용을 세세하게 기록했는데, 이 가계부와 기록물은 현재 제인 오스틴 하우스 뮤지엄이 된 초턴 하우스에 보관되어 있습니다. 이는 엘리자베스의 치열한 생존 전략이 담긴 귀한 자료이지요.

엘리자베스 웰러 오스틴은 유능한 관리자로 일하면서, 그 능력을 알아보고 인정해준 교장과 오랜 세월 깊은 우애를 나누기도 했습니다. 한편 엘리자베스의 아들 중에서도 두뇌가 뛰어났던 둘째 아들 프랜시스 오스틴은 세븐오크스 남학교에서 교육을 받고 훗날 법률가로 대성해 큰 부를 일구게 되는데요. 그가 바로 일찍 세상을 떠난 동생 윌리엄 오스틴의 아들 조지 오스틴, 즉 제인 오스틴의 아버지의 교육비를 후원해준 은인입니다. 덕분에 조지 오스틴은 학업을 마친 뒤 스티븐턴 교구의 목사로 재직하면서 식구들을 부양할 수 있었지요.

어린 제인에게 이 증조할머니의 이야기는 마치 신데렐라 같은, 그러나 훨씬 더 능동적이고 주체적인 동화처럼 느껴졌을지 모릅니다. 제인이 살고 있는 세상과 유기적으로 연결된 이야기였지요. 작가가 되고 싶다고 마음먹었을 때 제인이 처음으로 쓴 소설의 첫 장에, 이 씩씩하고 사리분별이 뛰어난 증조할머니의 기억이 겹쳤던 건 우연이 아니라고 저는 믿습니다. 『이성과 감성』 첫 장을 읽어보면 엘리자베스 웰러 오스틴의 씩씩하고 아름다운 삶이 작가가 되기로 결심한 증손녀에게 어떤 유산을 남겼는지 대번에 알 수 있습니다. 죽어가는 이에게 가족을 돌봐주겠다고 약속해놓고 돈 욕심 때문에 그 약속을 파기해버린 영지의 상속자, 하루아침에 녹록지 않은 경제적 현실의 장벽에 부딪히는 귀부인, 현실감각이 뛰어난 첫째와 환상에 물든 둘째. 삶에서 헛된 체면을 지키느라 잃어버리는 것들과 반드시 지켜야 할 정말로 중요한 것들에 대한 감각이 그 젊은 소설가가 처음으로 쓴 문단들에 단단히 뿌리내리고 있습니다. 엘리자베스 웰러 오스틴은 어쩌면 제인 오스틴에게 '집 안의 천사' 역할에 갇힌 여자가 어떻게 자신을 조금씩 더 나은 모습으로 성장시켜야 하는지, 동화 같은 자신의 삶의 서사로 그 좁은 길을 밝혀 보여주었는지 모릅니다.

성 마거릿 교회는 지역 내에서 가장 중요한 교회였고 이곳에는 조지 오스틴의 교육비를 후원해준 큰아버지 프랜시스 오스틴을 비롯해 오스틴 가문의 많은 사람이 매장되어 있다고 합니다. 교회의 내외부에는 그 표식들이 남아 있는데 특히 묘지 철책의 머리글자가 그중 하나입니다. 켄트 카운티의 소도시 턴브리지 호스몬든의 성 마거릿 교회 신도석에 앉아 제인 오스틴의 씩씩하고 멋있는 증조할머니의 이야기를 들으며 또 한 번, 새삼스레 깨달았답니다. 작가는 진공상태에서 태어나는 게 아니라는 사실을요. 수 세대에 걸쳐 중첩된 가족과 사회의 역사, 꿈과 현실이

어우러져 엮어내는 집단 서사들, 세계의 진동을 기록하는 무수한 텍스트들, 통제할 수 없는 우연과 필연, 사람들의 다정과 매정, 숲의 모양과 하늘의 색깔, 흙의 냄새까지 어우러져 비로소 한 사람의 걸출한 작가가 빚어지는 것일 테지요.

아, 진짜 헨리 오빠 같다!

제인의 넷째 오빠 헨리 토머스 오스틴(1771~1850)은 학자, 군인, 목사의 길을 걸었던 오스틴가(家)의 남자들과 기질적으로 달랐습니다. 눈에 띄게 잘생긴 외모에 정 많고 활달한 성격이었던 그는 사람들의 마음을 단번에 사로잡는 힘이 있었어요. 언변의 귀재에, 상상력이 뛰어났고, 통념에 얽매이지도 모험을 두려워하지도 않았지요. 오스틴 가족이 모이면 농담이 끝없이 이어지곤 했는데, 그중에서도 스타는 헨리였어요. 헨리가 쏟아내는 농담과 장난에 가족들은 허리가 끊어지도록 웃어대곤 했습니다. 헨리가 멀리 떠난 후에도 누군가 굉장히 웃기는 일을 벌이면 제인과 커샌드라는 "아, 진짜 헨리 오빠 같다!(O, What a Henry!)"라고 탄성을 지르곤 했대요.

헨리와 제인은 형제자매들 중에서도 특별히 가까운 사이였어요. 둘은 서로 기질적으로 닮은꼴이라는 걸 알고 있었던 것 같아요. 영국 시골의 일상을 넘어 꿈으로 침윤된 어딘가 다른 곳을 하염없이 바라보는 갈망을 공유하고 있었던 거지요. 낙관적이고 다정한 외면과 달리 마음속 깊은 곳에 희미하게 늘 깔려 있던, 이 세계와 꼭 들어맞지 않는 사람들 특유의 불안과 좌절도 서로 너무나 잘 이해하고 있었을 거예요. 두 사람은 똑같이 소설과 연극과 예술을 사랑했고, 십 대 시절에는 이국의 향기를 품고 온 필라델피아 고모의 딸 일라이자에게 똑같이 매혹되었지요. 사실 매력적인 청년 헨리 오스틴이 그토록 늦게 결혼하리라고 예상한 사람은 없었어요. 하지만 헨리는 꽤 오랫동안 독신으로 남아 있다가 십 년 연상의 사촌 일라이자가 프랑스혁명의 소용돌이 속에서 남편을 잃고 아들만 데리고 영국으로 돌아오자 마치 기다렸다는 듯 청혼해 결혼합니다. 제인 오스틴의 소설에는 헨리를 바로 옆에서 관찰한 덕분에 쓸 수 있었던 인물들이 종종 눈에 띄어요. 하긴 처음 소설을 쓰기 시작한 스무 살의 제인이 『이성과 감성』의 윌러비나 『오만과 편견』의 위컴을 묘사할 때, 마침 그 무렵 옥스퍼드셔에서 민병대로 복무하고 있던 인기 많은 미남 오빠가 도움이 되지 않았다면 그게 더 이상하잖아요.

하지만 헨리는 "경주에서 가장 빠른" 사람이 될 운명은 아니었어요. 이미 학자로 활동 중이었고 나중에는 아버지의 목사 관직을 물려받을 맏형 제임스, 해군에 입대해 나폴레옹전쟁의 위기 속에서 기회를 찾은 프랜시스와 찰스, 엄청난 부잣집에 입양된 에드워드… 형제들과 달리 헨리는 옥스퍼드대학을 졸업한 후에도 세상에서 그리 쉽게 자기 자리를 찾아 정착하지 못했습니다. 새로운 일에 손을 대면 금세 뛰어난 성과를 올렸지만, 곧 흥미를 잃거나 지나친 모험을 감행해 큰 실패를 하기 일쑤였거든요. 군인으로 입대했지만 성공적인 경력을 쌓지 못했고, 일라이자 드 푀이드와 결혼한 후 아내의 자산을 밑천으로 은행업에 뛰어들기도 했지만 결국 파산하고 말았지요. 중년에 이르러서야 부유한 동생 에드워드의 도움으로 초턴의 목사가 되어 커샌드라와 제인 가까이 살면서 안정을 찾았습니다. 그의 삶을 두고 많은 이들이 안타까워하며 "꽃피지 못한 엄청난 잠재력"이라 짤막하게 평가했답니다.

우리 삼촌 헨리 토머스 오스틴은 가족 가운데 가장 미남이었고 부친의 의견에 따르면 가장 재능이 뛰어났습니다. 가족들의 평가는 좀 갈리기도 해서, 겉보기만큼 실제 능력이 뛰어나진 않았다고 생각하는 이들도 있지만 대체로 삼촌은 사랑을 아주 많이 받았지요. 대화 상대로는 그만한 인물이 없었고 부친과 마찬가지로 희망적인 기질의 축복을 받은 성격이라 어떤 상황에서도, 심지어 지극한 고난이 닥쳐와도, 늘 햇살이 내리쬐는 마음을 만들어낼 수 있는 사람처럼 보였어요. 경주에서 가장 빠르지는 않았지요 — 한 번도 이겼던 적이 없어요 — 자연으로부터 그토록 천재적인 선물을 받고 태어났지만 삼촌은 살면서 꽃을 피우지 못했어요.

— 제인 오스킨의 큰오빠 제임스의 딸 애너 르프로이의 회고록에서.

하지만 적어도 제인 오스틴에게, 또한 제인 오스틴을 사랑하는 우리 같은 독자들에게, 헨리는 "꽃피지 못한 재능"이라는 야멸찬 표현으로 단정 지을 수 있는 사람이 아니에요. 헨리는 제인에게 영혼의 친구였고 찬란한 문학적 영감이었고 누구보다 열성적인 제인의 팬이었으며 출판 에이전트였고 제인의 소설에 깊은 영향을 주었던 런던의 연극계를 즐길 수 있게 도와준 후원자이기도 했으니까요. 또한 헨리와 제인은 둘 다 헌신적으로 사랑할 줄 아는 사람들이었어요. 일라이자가 유방암에 걸리자 헨리는 길고 고된 투병 기간 내내 아내를 헌신적으로 돌보았고 아내가 죽은 후 크게 상심해 몸과 마음이 모두 쇠하고 말았지요.

1815년 가을, 혼자 살던 헨리는 열병에 걸려 죽을 고비에 처하게 돼요. 이때 헌신적으로 몇 달 동안 오빠의 곁을 지키며 정성껏 간호해 결국 그를 살려낸 사람은 바로 제인이었습니다. 두 사람은 사랑의 상실, 꿈이 높았기에 골이 깊은 삶에 대한 실망감, 집 없이 떠도는 마음을 가족 중 그 누구보다도 잘 알고 깊이 이해하는 동지였지요.

무엇보다도 헨리는 제인의 소설들을 세상에 선보인 주역입니다. 출판사와 적극적으로 접촉하는 헨리의 노력이 없었다면 첫 네 권의 소설은 제인 생전에 빛을 볼 수 없었을 거예요. 출판사가 부당한 계약 조건을 내걸어 출간도 하지 않고 점유했던 『레이디 수전』의 저작권을 되찾아온 사람도 헨리였고요. 헨리가 애쓰지 않았다면 1817년 제인 오스틴의 사후에 『노생거 애비』와 『설득』이 출간되기도 어려웠을 테지요. 헨리는 '체면'을 중시해 쉬쉬했던 다른 가족과 달리 장안의 화제가 된 숙녀 소설가가 자기 동생이라는 사실을 무척 자랑스러워해서, 기회만 있으면 지인들에게 "어느 숙녀"의 정체가 자기 동생 제인이라고 말하고 다녔다고 합니다.

제인의 "특별한 기쁨이자 자랑"이었던 이 파란만장한 오빠의 무덤이 바로 켄트 카운티 우드버리 파크 공동묘지에 있습니다. 우리가 찾아갔을 땐 막 보슬비가 그친 참이었지요. 빗물 머금은 한여름의 녹음이 푸르게 우거진 사이로 야생화들이 흐드러지게 피어 있었어요. 영국에서는 묘지 근처에 꼭 주목(yew tree)을 심는다고 해요. 벌레를 퇴치하는 독성 성분이 있어서 묘지 근처에 창궐하는 파리 떼를 막아주기 때문이라고 합니다. 그래서 주목은 죽음을 연상하게 하는 나무로 영미권 문학에 자주 등장하기도 해요. 가장 사랑했던 사람들인 일라이자와 제인을 차례로 먼저 떠나보내야 했던 헨리는 그 후에도 초턴의 목사로 온전히 정착하지는 못했고 프랑스로 떠나 유랑하다가 세상을 떠날 무렵이 되어서야 다시 켄트로 돌아와 이곳에 묻혔다고 합니다. 하지만 새겨진 글자가 뭉개져 많이 지워진 소박한 묘비에는 헨리 토머스 오스틴 목사(Rev. Henry Thomas Austen)라고 쓰여 있어서 왠지 마음이 아릿했어요. 우리가 여행하는 내내 햇살이 쨍쨍했는데, 유달리 이날은 부슬비가 내리다 말다 내리다 말다 했어요. 부슬비 속에서 가끔씩 비치는 햇살을 보며, 세계 각국에서 모여든 우리, 헨리가 지켜주려 그토록 애썼던 제인의 문학으로 하나의 공동체를 이룬 기묘한 순례자들은 제인의 마음이 되어 "어떤 고난이 와도 늘 햇살이 내리쬐는 마음을 만들어내는" 사람 같았던 특별한 오빠 헨리 오스틴을 애틋하게 떠올렸습니다.

제인과 비타와 버지니아가 꿈꾼 장원

1788년, 열두 살의 제인 오스틴은 켄트 카운티에 위치한 도시 세븐오크스에 처음 방문합니다. 아버지 조지 오스틴의 교육비를 후원해준 은인인 90세의 큰할아버지 프랜시스 오스틴 2세를 방문하기 위해서였습니다. 제인의 증조할머니 엘리자베스 웰러 오스틴의 (그가 세븐오크스 남학교에서 기숙사 관리와 하우스키핑 일을 해 교육시킨) 다섯 아들 가운데 가장 뛰어나 법률가로서 일가를 이룬 인물이지요. 그의 성공은 중산층 숙녀가 쉬이 엄두를 내지 못했던 궂은일을 선뜻 떠맡으며 "내가 우리 아이들한테 이보다 더 좋은 일을 해줄 수는 없어요. 아이들의 교육이 내 가장 큰 관심사거든요. 배움만 있다면 세상에서 훨씬 좋은 방향으로 나아갈 수 있을 거예요"라고 일갈했던 현명하고 강인한 어머니가 옳았음을 입증했습니다.

    세븐오크스 하이 스트리트 10번지에 지금도 건재하게 서 있는 프랜시스 오스틴 2세의 아름다운 붉은 벽돌집은, 체면이나 허영보다 실리와 지식을 훨씬 더 중요하게 생각했던 오스틴 가문의 가풍을 어린 제인의 기억에 또렷하게 각인했던 것 같아요. 버지니아 울프는 여자의 '돈'을 '자유'와 등치합니다. 『자기만의 방』에서 그는 "유머와 활력, 용기라는 평민의 미덕"을 갖춘 에프라 벤(1640~1689)이 여자도 열심히 일해서 먹고살 수 있다는 걸 보여줌으로써 여자아이들에게 경제적 자립의 영감을 불어넣었다고 말합니다. 그리고 십자군이나 장미전쟁보다 더 중요한 역사적 사건이 18세기에 일어났으며, 그건 바로 중산층 여성이 글을 쓰기 시작한 사건이라고 지목하지요. 버지니아 울프의 이러한 통찰에 비추어볼 때, 오스틴 가문의 증조할머니에게서 증손녀로 이어지는 이 실리적 지혜의 유산이 역사적으로도 얼마나 중요한 것이었는지를 잘 짚어줍니다. 에프라 벤처럼 "남자와 대등하게 일했던 여자"가 일으킨 가문의 역사가 제인이 소설가로 첫발을 내디뎠던—중산층 여성들이 글을 쓰기 시작한—역사적 순간에 다시금 떠올라, 세계관의 나침반이 되어주었으니까요. 버지니아 울프의 말대로 "여자는 어머니를 거슬러" 사유하므로, 엘리자베스 웰러 오스틴의 생애는 어느 순간 "에프라 벤처럼 살겠다"라고 마음먹은 작가 제인 오스틴에게 비길 데 없는 힘이 되어주었을 겁니다.

제인은 또한 이곳에서 다른 세상으로 통하는 풍경을 일별했답니다. 바로 귀족과 판타지의 세계, 작가와 시인과 예술가의 유산, 버지니아 울프가 제인 오스틴의 확고한 경계 "밖"에 있다고 여겼던 "달과 산과 성(moons, mountains and castles)"의 꿈을 품은 풍경, 색빌 가문의 화려한 장원인 놀(Knole)이었지요. 프랜시스 오스틴 2세는 자수성가의 교본과도 같은 삶을 살았고 신사 계층과 귀족 계층의 가교 같은 역할을 했습니다. 런던과 세븐오크스에서 법률가로 성공해 광활한 토지를 소유하게 되었고, 켄트 지역의 치안·사법 서기관으로 활약했으며, 무엇보다 이 지역의 세도가였던 도싯 공작 라이어널 색빌의 의회 대리인으로 일했습니다. 도싯 공작 라이어널 색빌의 영지인 놀은 프랜시스 오스틴 2세의 레드 하우스에서 멀지 않았어요. 이 친분의 깊이는 프랜시스 오스틴 2세가 아들의 이름을 색빌 오스틴이라고 지은 것만 봐도 알 수 있습니다.

놀의 풍경이 어린 제인의 상상력에 미친 영향은 그곳에서 돌아와 한 달 뒤에 쓴 습작 단편 「윌리엄 몬터규 경」에 잘 드러나 있습니다. 1788년 열두 살 여자아이가 부잣집

큰할아버지 댁에 놀러 갔다가 큰할아버지의 고용인인 귀족의 저택, 아름답기로 유명한 장원을 보고 집에 돌아와서 쓴 단편의 주제는 흥미롭게도 '상속'이었답니다. 복잡하게 꼬인 몬터규 가문의 족보 탓에 온갖 아들들과 조카들이 작위의 상속권을 주장하고 나서지만 결국 주인공 윌리엄 몬터규 경이 "상당한 재산, 오래된 고택과 사슴들이 노니는 장원"의 주인이 됩니다. 이 묘사에 꼭 들어맞는 놀은 도싯 공작의 아들들과 조카들을 오가며 복잡하게 상속되었는데, 아마도 제인이 그 사연을 어디선가 들었던 모양입니다. 대체 누가 저 장원을 어떻게 소유하게 되는 것인지 궁금해 소설까지 쓰게 된 여자아이의 마음에서 '내 것'이면 좋겠다는 (현실에서 법적으로 금지된) 무의식적 소망을 읽어낸다면 지나친 비약일까요?

버지니아 울프는 『자기만의 방』에서 제인 오스틴이 어쩌면 "자신이 가지지 않은 것을 바라지 않는" 성격을 지녔을지도 모른다면서 "갈망"으로 가득한 작가 샬럿 브론테와 대조적으로 비교했지만, 제 생각은 조금 다릅니다. 제인 오스틴의 소설 또한 유년기 습작 때부터 이미 여성의 손이 가닿을 수 없는 것들에 대한 갈망이 문장마다 찰박입니다. 편지에 "켄트 사람들은 전부 다 부자야"라고 썼던 제인이 처음 세븐오크스를 방문하고 사슴이 노니는 놀의 아름다운 장원을 보았을 때, 저 장원을 가질 권리가 왜 특정한 누군가에게만 주어지는가를 궁금해했을 테고, 의문의 근저에는 남자, 그것도 장자만 영지를 상속받을 수 있도록 규정한 법제의 정의를 따져 묻고 싶은 욕망이 분명 깔려 있었지요.

놀은 단순히 '부잣집'이 아니었습니다. 작가이기도 했던 옛 영주 토머스 색빌, 『캔터베리 이야기』의 제프리 초서, 필립 시드니 경, 토머스 모어의 초상화가 즐비한 갤러리가 말해주듯 '펜을 쥐고' 세계를 소유한 아버지들의 권능과 역사 그 자체의 표상이었습니다. 한편 놀은 유구한 탐욕의 대상이기도 했지요. 탐욕의 화신 헨리 8세가 수사슴 사냥터를 탐낸 나머지 캔터베리 대주교 토머스 크랜머로부터 빼앗은 곳이기도 하니까요. 하나 이곳을 색빌가에 하사한 사람은 여자인 엘리자베스 1세였고, 사실상 초기의 소유주는 일기 작가였던 레이디 앤 클리퍼드였습니다. 그리하여 이곳은 마땅히 여자의 것, 여자 군주와 여자 작가의 것이었지만 아이러니하게도 "아들들과 조카들"만 물려받을 수 있는 집의 상징이기도 했습니다.

막상 놀의 초상화 갤러리에 직접 서보니 뭉게뭉게 의문부호들이 피어올랐습니다. 열두 살 제인이 본 놀에 대한 기억은 『오만과 편견』에 나오는 다아시의 장원 펨벌리를 상상할 때 아련한 영감의 원천으로 다시 떠오르지는 않았을까요? 아니, 그러지 않을 수가 있었을까요? "이곳의 여주인이 되고 싶다"는 엘리자베스의 욕망을 열두 살 소녀의 상상에 겹쳐 읽을 수는 없을까요?

오로지 그곳에 서볼 때만 알게 되는 마음이 있습니다.

제인이 어쩌면 자기도 모를 꿈을 품었던 때로부터 백사십 년 후인 1928년, 버지니아 울프가 사랑한 여자가 여전히 건재한 한정 상속법에 의거해, 아버지의 영지이자 어린 시절의 집을 빼앗기고 맙니다. 색빌 가문 2대 남작 라이어널 색빌웨스트의 외동손녀 비타 색빌웨스트였지요. 비타는 주요 구역마다 가문의 문장인 '색빌 표범'이 지키는 이 광막한 집 안에서 날마다 멈춰 서서 최적의 이동 경로를 머릿속으로 그릴 만큼, 삐걱거리는 마룻널 소리로 가득한 이 미로 같은 공간에서 보내는 순간순간의 삶을 사랑했습니다.

비타는 호기심에 차서 두려움 없이 돌아다니다 놀 하우스 본채에까지 들어온 수사슴과 맞닥뜨린 것을 기억한다. […] 어린 소녀였을 때도 비타는 무서워하기는커녕 혼자서 촛대를 들고 화랑을 거닐곤 했다. 그녀는 따스한 추억에 잠겨 금박을 입힌 가구와 케케묵은 거울에 어른거리던 불빛에 대해 글을 썼다. 태피스트리가 흔들리면 조각 혹은 그림 속의 얼굴이 어둠 속에서 뛰쳐나올 것 같았다. 이 오래된 저택은 알 수 없는 소리로 가득 차 있었다. […] 하지만 그녀는 놀 하우스에 겁내지 않았다. 비타는 "나는 놀을 사랑했다. 그리고 놀도 나를 당연히 사랑할 것이라고 믿었다"고 썼다.

— 세라 그리스트우드(『비타와 버지니아』, 심혜경 옮김, 뮤진트리), 2020, 23~24쪽.

버지니아 울프는 1924년 처음으로 비타의 집 놀을 방문하고 나서 비타와 놀을 동일시하는, 약간은 매몰차고 고약한, 그 유명한 문장을 씁니다. "조상들, 수백 년의 세월, 은과 금, 이 모든 것이 완벽한 신체를 창조했다. […] 그는 수사슴 같고 경주마 같다. 뾰족한 얼굴만 제외하면, 두뇌가 아주 명석하지는 않아도 몸매로만 따지면 그는 완벽하다. […] 나에게 인상적이었던 것은 그의 혈통이었다." 버지니아 울프에게도 놀의 매혹은 엘리자베스 1세 때부터 내려오는 부와 권력, 청정한 자연의 매혹, 장원 소득이 주는 자유, 펜을 쥔 자의 권능에 있었던 겁니다. 그리하여 버지니아 울프는 백사십 년 전의 제인 오스틴과 마찬가지로, 놀이 표상하는 모든 것을 여자가 소유하는 판타지를 무엇엔가 홀린 듯 써 내려가게 됩니다.

1927년 10월 9일 버지니아는 비타에게 편지를 썼다. 전날 그녀는 절망감에 빠져서 한 단어도 뽑아낼 수 없었다. 펜을 잉크에 적시고 마치 펜이 저절로 움직이는 것처럼 다음과 같이 적기 전까지는 말이다. '올랜도: 전기.'
 "그런데, 들어봐. 올랜도가 비타라고 가정해보는 거야. 그리고 그 책은 모두 당신, 그리고 당신 육체의 욕망, 당신 마음의 유혹에 대한 이야기야… 괜찮겠어? 대답해줘." […] 비타의 아들 나이절 니컬슨은 버지니아의 『올랜도』를 "문학적으로 가장 길고 매력적인 러브 레터"라고 평했다.
 ― 같은 책, 159쪽.

올랜도는 엘리자베스 시대에 태어나 대저택을 물려받은, 늙지 않고 죽지 않는 신비로운 젊은 귀족입니다. 삼백 년에 달하는 이 이야기는 출판일인 1928년 10월 11일에 끝나며, 그때 올랜도는 비타와 같은 나이인 서른여섯이고 비타가 좋아하는 것들―시 쓰기, 스패니얼, 엘크하운드, 색빌가의 표범 문장, 진주와 스페인산 레드 와인―을 똑같이 좋아하지요. 무엇보다 올랜도는 남자로서 물려받은 대저택의 소유권을 그대로 유지한 채 여자의 몸으로 변했습니다. "버지니아는 법이 비타에게 허용하지 않는 것, 즉 비타가 사랑하는 놀의 소유권을 돌려준" 것입니다. 비타가 사랑했고 비타를 형성한 "우리 아버지들의 대저택"은 헨리 8세뿐 아니라 영문학 사상 가장 뛰어난 여성들의 욕망과 상상력에도 불을 붙였던 것이지요.

1928년 영국의 여성은 드디어 남성과 완전히 동등한 투표권을 가지게 되었지만 비타 색빌웨스트는 그 자신과 다름없던 아버지의 장원을 포기할 수밖에 없었습니다. 놀은 비타의 혈통을 사랑한 버지니아의 판타지 속에서만 영원히 비타의 것으로 남았지요.

고드머셤 파크의 이방인들

1926년, 런던에서 발행하는 일간지 〈더 타임스〉를 통해 두 통의 서한이 처음으로 공개되었습니다. 한 통은 제인 오스틴, 또 한 통은 제인의 언니 커샌드라 오스틴의 편지였지요. 수신자는 앤 샤프, 그때까지 팬들도 비평가들도 들어본 적 없는 '그늘 속의 인물'이었습니다. 편지에서 제인은 이 미지의 인물을 "나의 소중한 앤(My dearest Anne)"이라 부르며 사적인 농담을 거리낌 없이 던지고 놀라우리만큼 "애틋한(tender)" 친밀감을 드러냈어요. 반면 커샌드라의 어투는 훨씬 더 딱딱했습니다. 동생 제인을 향한 앤의 "열렬한 감정"을 견제하는 듯 자기가 제인과 더 절친한 사이임을 넌지시 주지시키는, 조금은 쌀쌀맞은 편지였지요. 훗날 오스틴 가문은 소설가의 공식적 초상을 그려낼 때 제인과 이 '앤'이라는 친구의 관계를 암묵적으로 삭제하거나 생략했던 것 같아요. 제인의 조카들이 주로 '작가 고모'의 이야기를 전했는데, 빅토리아시대로 들어서며 소위 계급 차이와 '체면'이 한층 더 중요한 문제로 부각되었기 때문으로 짐작되어요. 앤 샤프는 제인 오스틴의 셋째 오빠 에드워드 오스틴 나이트의 첫째 딸 패니의 가정교사였거든요.

하지만 아마도 앤 샤프의 이름이 이제야 알려진 진짜 이유는 다른 데 있을지도 몰라요. 남자 작가들의 경쟁심 섞인 우정은 언제나 전설처럼 내려옵니다. 찰스 디킨스와 윌키 콜린스, 윌리엄 워즈워스와 새뮤얼 테일러 콜리지, 어거스트 헤밍웨이와 스콧 피츠제럴드… 명단이 끝이 없지요. 하지만 여자 작가의 (경쟁심 섞인) 우정은 불과 최근까지도 제대로 조명을 받지 못했어요. 런던의 구빈 시설에서 태어나 험한 세상을 자력으로 헤쳐나간 앤 샤프와 신데렐라 같은 오빠의 대저택에서 천덕꾸러기 같은 애매한 위치로 머물던 제인 오스틴은 둘 다 (여자인 주제에 감히) 결혼도 하지 않고 작가를 꿈꾸는 이방인들이었습니다. 어떻게 두 사람이 친구가 되지 않을 수가 있었겠어요?

제인 오스틴의 가족과 엄청난 부자인 친척 집에 입양된 오빠 에드워드의 관계는 제인의 편지와 소설들의 행간에 새겨진 미묘한 긴장감으로 감춰지거나 드러납니다. 특히 이 긴장감은 에드워드가 굿네스톤 파크의 영주 브리지스 집안과 혼인하면서 더 팽팽해지는데요. 화려한 월드 가든(walled garden, 벽으로 구획된 정원)을 자랑하는 굿네스톤 파크는 엘리자베스 브리지스의 가문이 지닌 돈과 지위를 가늠할 수 있게 해줍니다. 에드워드는 아내와 자식들에게 돈을 아끼지 않았고 함께 엄청나게 호사스러운 삶을 누렸어요. 모슬린 네커치프, 페르시아 실크, 모형 과일이 주렁주렁 달린 모자는 물론, 값비싼 폭죽을 펑펑 터뜨리며 화려한 불꽃놀이도 벌이곤 했지요. 제인은 이 호사스럽고 여유로운 삶을 굳이 프랑스의 표현을 써서 "아 라 고드머셤(à la Godmersham)"이라고 부르며 이곳을 방문할 때면 "프랑스 와인과 랍스터와 얼음"을 실컷 먹고 오겠다고 쓰기도 합니다. 그 어조가 아이러니인지 자조인지 진심인지 지금의 우리로서는 헤아릴 수 없지만요. (수많은 편지를 커샌드라가 파기한 이유도 어느 정도 짐작할 수 있을 듯하고요.)

엘리자베스 브리지스 나이트는 남편의 가난한 혈육들에게 그리 너그럽지 못했고 에드워드가 아내의 의사를 거스르기 어려웠다는 증거도 분명히 남아 있습니다. 1805년 1월 21일 조지 오스틴이 세상을 떠난 후 어머니와 커샌드라와 제인, 이 세 여자가 생활고에 맞닥뜨리자 형제들은 십시일반 생활비를 대기로 했는데, 이때 지주인 에드워드가 보탠 금액이 불과 월 100파운드였거든요. 해군 장교인 동생 프랭크가 월급을 아껴 매달 100파운드를 내기로 했는데 말이지요. 우리는 여기서 『이성과 감성』에 나오는 대시우드 자매의 (모친이 다른) 오빠 존과 그의 아내 패니를 떠올리지 않을 수 없어요. 모든 작가의 첫 소설은 자전적일 수밖에 없다지요.

확실히 『이성과 감성』에서는 유달리 작가의 삶을 스쳐간 사람들, 작가가 겪은 사건들, 작가의 가족사와 밀접하게 연루된 디테일들이 눈에 많이 띕니다. 무엇보다 에드워드가 집을 잃고 힘겨운 떠돌이 생활을 하던 누이들과 친어머니에게 살 집을 마련해준 시점이 참 공교로워요. 1808년 에드워드의 아내 엘리자베스는 무려 열한 번째 아이를 낳다가 출산 합병증으로 사망했는데요. 그 무렵 에드워드가 전부터 아이들을 잘 돌봐주던 커샌드라에게 연락해 초턴 근처로 이사 와서 양육을 도와달라고 부탁하거든요. 그러면서 그제야 초턴 하우스에 인접한 코티지에 세 사람이 살 집을 마련해주었어요. 그 전에도 얼마든지 할 수 있었으면서 떠돌이처럼 이리저리 옮겨 다니며 살고 있던 가족이 살 집을 아내가 세상을 떠난 후에야 마련해준 것이지요.

제인 오스틴의 소설에서 여주인공들은 화려한 대저택과 영지에 매혹되면서도 소외감을 느끼는 미묘한 입장에 자주 서곤 합니다. 대시우드 자매에게는 놀랜드 파크가 그런 곳이고, 엘리자베스 베넷에게는 로징스 파크와 펨벌리가 그렇고, 패니에게는 맨스필드 파크가 있고, 캐서린 몰랜드에게는 노생거 애비가 그렇지요. 이 긴장은 후기 작품들인 『에마』와 『설득』에 이르러서야 그나마 해소되는 것 같아요. 박탈감은 늘 절대적이 아니라 상대적으로 강렬하고 또 파괴적이라는 생각을 하면, 에드워드와의 관계가 물질적으로는 큰 도움이 되었을지언정 정신적으로는 고통의 근원이었을지도 모른다 여겨집니다. 자존심/오만이 중요한 열쇳말이 된 까닭을 짐작할 수도 있고요.

혈육이면서도 남남보다 멀었던 에드워드 오빠의 대저택 고드머셤 파크에서 제인은 조카들을 가르치던 지적인 가정교사 앤 샤프를 만나 교감하게 되었지요. 두 사람은 1805년에 처음 만났는데, 당시 둘 다 부모를 잃은 지 얼마 되지 않았을 때였어요. 제인은 삶의 지주이자 최고의 독자였던 아버지를 잃은 충격에서 벗어나지 못했고 앤 역시 (아마도) 모친을 잃고 상복 차림으로 고드머셤 파크에 일하러 오게 되었거든요. 지나치게 똑똑해 보이는 가정교사와 서재에 혼자 처박혀 책 읽기를 가장 좋아하는 괴짜 '독신녀' 객식구는 금세 친구가 되었습니다.

두 사람은 지적인 학구열과 미완의 문학적 야심을 공유하고 있었어요. 영민한 앤은 희곡을 쓰고 싶어했고 제인은 소설을 썼지요. 물론 아직 (아버지와 오빠 헨리의 도움을 받아 여러 번 시도했지만) 단 한 편의 소설도 출판사를 찾지 못하고 있었지만요. 반면 에드워드의 아내 엘리자베스는 사실 딸들이 지나치게 지적인 여자가 되는 걸 원치 않았고 앤 샤프가 진지하게 교육을 하려 할 때마다 수업을 취소하는 일이 잦았다고 합니다. 여성의 교육이라는 과제에 관심이 많았던 제인과 앤이 동지 의식을 가질 수밖에 없었겠지요. 흥미롭게도 이 당시 앤 샤프가 아이들 공연을 위해서 썼던 희곡의 제목은 '오만은 벌을 받고 순수는 상을 받다(Pride Punished or Innocence Rewarded)'였답니다. 왠지 어떤 소설의 제목을 연상시키는 구석이 있지요?

앤 샤프는 입지전적인 인물이에요. 구빈 시설에서 태어나 어렵게 자랐지만 뛰어난 능력으로 가정교사가 되어 훌륭한 커리어를 쌓았고, 훗날 리버풀에 정착해서 여자기숙학교를 운영하며 큰 성공을 거두었거든요. 제인 오스틴이 세상을 떠났을 때 언니 커샌드라가 앤에게 제인의 머리카락과 유품을 보내주기도 했으니 둘의 사이가 각별했던 건 틀림없는데, 이상하게도 앤 샤프는 제인 오스틴과의 우정에 대해 함구했다고 합니다. 그러니 두 사람의 우정은 아직도 너무나 많은 부분이 베일에 가려져 있지만, 왠지 고드머션 파크에서 두 사람이 함께했던 산책들, 함께 읽은 책들, 함께 나누었던 이야기들을 생각하면 저는 『노생거 애비』 1부 6장에 나오는 이 대사가 생각납니다. "남자들은 우리가 진짜 우정을 맺을 능력이 없다고 생각하잖아. 하지만 나는 남자들에게 그 차이를 반드시 보여줄 작정이야."

문학 번역의 디테일에 관하여:
세 개의 장면

문학을 우리말로 옮길 때 맞닥뜨리는 난항은 수백만 가지가 있지만, 그중에서도 매번 어렵고 골치 아픈 일은 바로 존댓말과 반말, 비꼼과 직설을 아우르는 총체적인 목소리의 결정입니다. 번역 소설은 문화와 역사, 장소성과 집단기억, 관습과 제례를 업고 언어의 장벽을 넘는데, 그 모두가 결국 '사람의 발화'로 구현되는 탓이지요. 번역가로서 미묘한 디테일을 어떻게 선택해서 사람의 발화를 구현하는지, 『오만과 편견』의 몇 장면을 예로 들어 설명해보겠습니다.

#1

첫 번째 장면은 1부 1장입니다. 자, 저는 이제 막『오만과 편견』을 펼쳤습니다. 작업 첫날은 언제나 어렵고 조심스럽습니다. 번역은 끝없는 선택과 환원의 과정이고 작업 초반에 책 전체의 색채를 좌우하는 중요한 결정들이 내려지기 마련이거든요. 소설 번역 작업에서 캐릭터의 목소리를 정하는 건 제 경험상 머릿속에서 그 역할을 연기해줄 배우를 캐스팅하는 과정과 상당히 흡사합니다. 얼굴 생김새와 그 말을 하는 표정, 목소리까지 머릿속으로 생생하게 그려둬야 대화가 자연스러워지니까요.

여기서 집중해서 상상해야 할 인물은 베넷 씨입니다. 베넷 씨는, 상황의 아이러니를 인지하고 베넷 부인의 무지한 욕망을 얼핏 비웃고 있으나, 이 사회의 압박과 요구에서 결코 자유롭지 못한 인물이지요. 겉으로는 점잖아 보이지만, 자조와 냉소로 범벅된 말장난과 언어유희를 쏟아내는 걸 보면 어쩌다보니 삶에서 그만 원치 않는 곳에 다다라 옴짝달싹 못 하도록 갇혀버린, 자가당착적인 캐릭터예요. 그런 점에서 베넷 씨의 캐릭터를 노정할 때 중요한 단서를 주는 대사를 저는,

"That is more than I can engage for, I assure you."
"그런 약속은 못 하겠네요, 그건 내 장담하지요."
―『오만과 편견』, 1부 1장.

이것으로 보았어요. engage for는 현재는 쓰이지 않는 표현으로 '약속하다' '장담하다'라는 뜻이랍니다. 그런 약속은 못 하겠다는 말은 단단히 약속할 수 있다는 말이니 간절하게 부탁하는 아내의 복장을 뒤집는 대사로는 기가 막힙니다. 1장 전체에 걸쳐 베넷 씨는 안달이 난 베넷 부인을 놀리는 데 신이 나서 매진하는데, 이 짧은 대화 속에서 가족의 주요 구성원이 소개되지요. 베넷 씨가 총애하는 "총기 같은 것"을 가진 리지, 베넷 부인의 생각에 리지보다 "예쁜" 제인과 리지보다 "유머가 있는" 리디아가 순서대로 이야기 속으로 들어오는데, 거실에 다 같이 둘러앉은 가족을 캐리커처하듯 특징을 콕콕 짚어 묘사하는 표현의 경제성이 발군입니다.

그중 번역가로서 좀 생각에 잠기게 만든 베넷 부인의 대사가 있는데, "You flatter me"라는 짤막한 문장이었습니다. 결국 "내 기분 맞추느라 맘에 없는 말 말아요"로 좀 장황하게 옮기게 되었는데요. 그 이유는 flatter가 18세기 말에는 단순히 비위를 맞춘다기보다 아예 '빈말을 한다'는 부정적인 어감을 훨씬 강하게 갖고 있었기 때문입니다. 남편의 비아냥을 절반 이상 못 알아듣는 베넷 부인은 딸들보다 당신이 더 예쁘다는 말에 담긴 베넷 씨의 놀림만큼은 어림잡아 알아들은 모양이지만, 굴하지 않고 자기

미모에 대한 자신감을 드러냅니다.

눈앞에 선하게 떠오르는 이 부부의 생생한 대화를 깔끔하게 갈무리하며, 처음에 베넷 부인이 '진리'라 믿는 '희망'을 비꼬던 작가의 페르소나가 드디어 전면에 나서지요. 그리고 베넷 부인을 겨냥해 독설에 가까운 인물평을 간명하게 내뱉습니다. "인생의 과업은 딸들을 시집보내는 일"이며 "인생의 낙은 남의 집 방문과 새로운 소식"인 "이해력은 짧고 아는 건 없고 성격은 불안정한 여자"라고요. 일순 소설의 웃음기는 싹 걷히고 서술자의 문장에 돋친 날카로운 가시가 섬광처럼 번득입니다. 그리고 슬며시 간담이 서늘해지는, 더할 것도 뺄 것도 없는 이 통절한 평가가 완벽한 1부 1장을 마무리합니다. 마냥 평화로워 보이는 오스틴의 응접실이 마상 시합장 무색하게 무섭고 치열하다는 암시를 흘리면서 말이지요.

#2

『오만과 편견』에서 이 화자의 목소리는 제인 오스틴이 소설가로서 첫 소설을 출간하고 이 년이라는 짧은 시간 동안 소설의 '기교'라는 면에서 이룬 장족의 발전을 보여줍니다. 『이성과 감성』 1부 2장에서 처음 등장해 향후 소설의 기교를 완전히 바꾸어놓은 자유간접화법은 『오만과 편견』에서 그야말로 자유자재로 이야기와 캐릭터를 쥐락펴락합니다. 이 짓궂고 자신만만하고 파릇파릇 젊은 페르소나는 등장인물들의 대화를 엿듣고 그 의식에 빙의했다가는 순식간에 인물들과 거리를 쑥 벌리고는 불시에 독자를 똑바로 겨냥합니다. 이를테면 2부 19장, 다아시의 청혼을 거절하고 집에 돌아와 위컴과 가족들의 천박한 행동에 넌더리가 난 엘리자베스가 외숙모와 더비셔 여행을 떠나는 장면에서 이 화자가 독자를 밀었다 당겼다 장난을 치는 이 대목에서처럼요.

> It is not the object of this work to give a description of Derbyshire, nor of any of the remarkable places through which their route thither lay;31 Oxford, Blenheim, Warwick, Kenelworth, Birmingham, &c. are sufficiently known. A small part of Derbyshire is all the present concern. To the little town of Lambton, the scene of Mrs. Gardiner's former residence, and where she had lately learned that some acquaintance still remained, they bent their steps, after having seen all the principal wonders of the country; and within five miles of Lambton, Elizabeth found from her aunt, that Pemberley was

situated. It was not in their direct road, nor more than a mile or two out of it.

　더비셔는 물론 그들의 동선이 거쳐 가는 다른 훌륭한 장소들을 묘사하는 건 이 소설의 목표가 아니랍니다. 옥스퍼드, 블레넘, 워릭, 케넬워스, 버밍엄 등등, 다들 충분히 유명하잖아요. 현재 소설의 모든 관심은 더비셔의 작은 일부 지역에 집중되어 있어요. 램턴이라는 작은 마을, 가디너 부인이 예전에 살았던 곳, 지인 몇 사람이 아직도 거기 산다는 사실을 최근 부인이 알게 된 곳이지요. 이 고장의 주요한 절경들을 모두 구경하고 나서 그들은 바로 그 마을로 발길을 돌렸어요. 그리고 램턴에서 오 마일도 떨어지지 않은 곳에, 펨벌리가 있다는 사실을 엘리자베스는 외숙모에게 들어 알게 되었지요. 똑바로 질러가는 길목에 있는 건 아니고, 이삼사 마일 거리를 돌아가야 볼 수 있다고 해요.

　―『오만과 편견』, 2부 19장.

엘리자베스가 더비셔로 여행을 떠나게 된 순간 독자는 당연히 "더비셔의 작은 일부 지역"에 초미의 관심을 갖게 됩니다. 그런데 이 순간 갑자기 화자가 영화 속 인물이 별안간 카메라를 똑바로 보고 관객에게 사정을 설명하는 것처럼 툭 튀어나와요. 뜬금없이 옥스퍼드, 블레넘, 워릭 등을 나열하면서—독자에게 의도적으로 정보를 감질나게 지연하며—이런 관광지를 묘사하는 건 "소설의 목표(the object of this work)"가 아니라고 갑자기 독자가 한창 몰입한 이야기의 허구성을 스스로 밝히더니, "더비셔의 작은 일부 지역"에 "현재 모든 관심(all the present concern)"이 쏠려 있다고 말하는 거예요. 화자가 직접 던져준 이 정보에 독자는 자신의 관심이 집중된 바로 그 지명이 다음에 나올 거라는 기대를 갖고 설레게 됩니다. 하지만 이 화자는 "현재 모든 관심"이 누구의 관심인지는 교묘하게 명기하지 않았어요. 소설가 자신이나 독자나 엘리자베스의 관심 같지만 바로 다음 문장을 읽어보면 주어는 뜻밖에도 가디너 부인입니다. "램턴이라는 작은 마을"이라니요! 독자는 짧으나마 실망감에 빠지고 가디너 부인이 지인을 만나고 절경을 구경하는 동안 시들하고 지루하게 문장을 따라 읽습니다. 그러나 독자가 기대를 좀 내려놓은 순간, 화자는 사라지고 엘리자베스가 오 마일 거리에 펨벌리가 있다는 걸 알게 되는 겁니다. 이 순간에야 독자는 이 신출귀몰하는 페르소나의 장난에 홀려 자신이 엘리자베스의 감정을 그대로 느끼고 있었다는 걸 깨닫게 됩니다. 엘리자베스의 관심이 몽땅 펨벌리에 쏠려 있었으며 가디너 부인의 뒤를 시들시들 따라다니다가 펨벌리의 이야기를 듣고 귀를 쫑

굿 세웠다는 걸요. 즉, '더비셔의 작은 일부 지역'에서 램턴을 거쳐 펨벌리에 닿을 때까지 이 서술은 정말로 "똑바로 질러가지" 않고 "우회"했던 겁니다!

이 우회하는 서술 덕분에 우리는 엘리자베스가 '말하지 못하는' 마음을 '겪어서' 알게 됩니다. 이 때문에 2부 대미를 장식하는 위트와 서스펜스 넘치는 이 멋진 문단이 탄탄하게 힘을 받고, 대망의 펨벌리를 향해 호쾌하게 날아오르는 것이지요.

Accordingly, when she retired at night, she asked the chambermaid whether Pemberley were not a very fine place, what was the name of its proprietor, and with no little alarm, whether the family were down for the summer. A most welcome negative followed the last question — and her alarms being now removed, she was at leisure to feel a great deal of curiosity to see the house herself; and when the subject was revived the next morning, and she was again applied to, could readily answer, and with a proper air of indifference, that she had not really any dislike to the scheme.

To Pemberley, therefore, they were to go.

그래서 밤에 잠자리에 들기 전에 하녀에게 넌지시 물어봤

<u>어요. 펨벌리는 정말 멋진 곳이죠, 그곳 영주님의 이름이 뭔가요, 그리고 적잖이 불안한 마음으로, 가족분들이 여름철에 여기 와 있나요, 하고 물었지요.</u> 마지막 질문에 더없이 반가운 부정의 대답이 돌아왔어요 ─ 불안할 이유가 이제 싹 사라졌으니, 이제 엄청난 호기심을 품고 신나게 그 집을 구경하러 갈 마음의 여유가 생겨나더군요. 다음 날 아침 다시 그 주제가 나와 어떻게 생각하느냐는 질문을 또 받았을 때, 엘리자베스는 기꺼이, 하지만 적당히 무관심한 분위기를 풍기면서, 사실 특별하게 싫은 건 아니라고 대답할 수 있었답니다.

<u>펨벌리로, 그러니까, 가는 거예요.</u>

─『오만과 편견』, 2부 19장.

밑줄을 그은 부분이 자유간접화법이 발동해야 하는 부분입니다. 저는 이 대목에서 화자가 걱정은 되지만 호기심을 억누를 수 없는 엘리자베스의 심정에 집중하고 있다고 보았어요. '펨벌리가 아주 멋진 곳이 아닌지, 그 주인의 이름이 무엇인지 하녀에게 물어보았고, 적지 않은 불안을 품고, 가족들이 여름철에 여기 내려와 있는지를 물었습니다'라고 번역할 수도 있지만 그러지 않았어요. 엘리자베스가 말하는 대사들이 간접화법의 형태로 문장에 포함되어 있는데도 화자가 아니라 인물의 목소리를 유지하려 했던 거예요. 왜냐하면 이 지점에서 화자는 엘리자베스와 구분하기가 어려워진다고 판단했거든요. 앞선 문단의 이 머뭇거리는 리듬 때문에, 나중에 집주인이 없다는 걸 알고 날아갈 듯 신이 난 엘리자베스의 심정은 이 마지막 문장의 경쾌한 리듬으로 완성됩니다.

To Pemberley, therefore, they were to go.

기막힌 클리프행어로 2부의 막을 내리는 이 짧고 간명하고 리드미컬한 문장의 경쾌하면서도 설레는 감각을 저는 꼭 유지하고 싶었습니다. "펨벌리로, 그러니까, 가는 거예요"라는 저의 선택은, 이 스타카토의 통통 튀는 소리의 효과를 포착하려는 제 최선의 노력이고요.

#3

『오만과 편견』의 화자는 여러 다른 문장에서 여러 다른 캐릭터의 목소리로 변신합니다. 이 문단에서는 베넷 씨와 화자와 콜린스 씨의 목소리를 자유롭게 넘나들지요. 이런 면에서 『오만과 편견』의 자유간접화법은 정말로 악보 같습니다. 어디까지가 화자이고 어디까지가 베넷 씨와 콜린스 씨여야 할까요. 이 정답이 없는 여백이 활짝 열리면, 바로 그 공간에서 번역가는 텍스트의 음악을 만들고 춤을 출 수 있습니다.

저녁 식사 중에 베넷 씨는 거의 아무 말도 하지 않았어요. 하지만 하인들이 물러가자 손님과 대화를 좀 나눌 때가 되었다고 생각하고 손님이 반드시 빛을 발할 거라 예상한 비장의 화두를 꺼내 들었습니다. 그리 훌륭한 후원자를 얻었으니 참으로 행운이십니다, 라고 말한 거예요. 레이디 캐서린 드 버그가 그의 소망을 세심히 배려하고 그의 안위를 마음 써주시다니 대단히 놀라운 일 같다고요. 베넷 씨가 이보다 더 좋은 주제를 고를 수는 없었을 거예요. 콜린스 씨는 청산유수로 레이디를 추앙하기 시작했거든요. […] 영광스럽게도 벌써 두 번이나 그 앞에서 설교를 했는데 두 번 다 감사하게도 좋아하셨답니다. […] 제가 아는 많은 사람들이 레이디 캐서린이 오만하다고 생각하지만, 저는 오로지 상냥함뿐 다른 건 전혀 보지 못했습니다. 언제나 다른 신사들을 대하는 것과 똑같이 제게 말을 거셨고, 지역의 사교계에 합류하는 데 일말의 반대도 하지 않았고, 간혹 한두 주일씩 교구를 비우고 친척을 방문하러 가도 흔쾌히 허락하십니다. 심지어 할 수 있는 한 빨리 결혼하라는 조언까지 해주셨고, 그래도 꼭 신중하게 신붓감을 고르라 하셨지요. 한번은 제 초라한 목사관에 방문까지 하셨지 뭡니까. 집을 수리하며 제가 바꾼 부분들도 다 완벽하다며 인정해주셨고, 심지어 손수 몇 가지 제안까지 해주셨답니다 — 글쎄, 위층 수납장에 선반을 설치하라 권하셨어요.

─『오만과 편견』, 1부 14장.

자유간접화법으로 점철된 이 대목에서는, 베넷 씨의 육성과 콜린스 씨의 육성을 나누는 것이 중요한 번역의 목표입니다. 그래야 이 서술 속에서 이 목소리들이 구분되어 마음속 귓전을 또렷이 두드립니다.

반면 이 두 사람과 전혀 다른, 과묵하고 할 말만 하는 다아시 씨의 육성은 자유간접화법 속에 자주 포괄되지 않습니다. 하지만 단 한 번, 저는 다아시 씨의 육성이 서술 속에서 불쑥 튀어나올 만한 타이밍을 포착했고 극적인 효과를 배가하고자 활용했습니다. 펨벌리에서 다아시가 엘리자베스를 다시 만나자 불안감이 극에 달한 미스 빙리가 다아시의 노골적인 사랑 고백을 이끌어내기 직전, 긴장이 고조되는 바로 이 장면입니다.

"오늘 아침 미스 일라이자 베넷의 몰골이 말이 아니네요, 다아시 씨." 그녀는 외쳤어요. "겨울 동안 저렇게 외모가 딴판으로 달라진 사람은 살면서 처음 봤지 뭐예요. 얼굴이 갈색으로 타서 거칠어졌잖아요! 루이자 언니와 나는 저이와 다시 만나지 않았더라면 좋았겠다 하고 있었어요."

다아시 씨는 물론 그 말이 몹시 듣기 싫었겠지만, 좀 그을린 것 말고 크게 달라진 점은 못 보았다고 냉정하게 대꾸하는 정도로 만족하기로 했어요 — 여름에 여행하는 사람인데 그게 뭐 그렇게 대단하게 신기한 결과입니까.

— 『오만과 편견』, 3부 3장.

저는 이 인물들의 육성이 지닌 리듬, 그 강렬한 고유성을 문체의 힘으로 표현하고 싶었습니다. 제인 오스틴의 글을 읽으면 내 귀에 그들의 목소리가 들려오기 때문입니다. '사람'들을 입체적이고 총체적으로 표현하는 그 육성을 담는 게 제 번역의 가장 큰 목적이었기 때문입니다. 또 다른 목적을 지닌 또 다른 번역가라면 "여름에 여행할 때는 그리 대수로운 일이 아니라고요"라고 화자의 목소리를 유지했을 수도 있습니다. 아예 처음부터 경어체를 선택하지 않았을 수도 있습니다. 하지만 저는 이 다아시의 목소리가 여기서 불쑥, 나직하게, 화를 참으려 튀어나올 때, 다아시라는 인물이 생생하게 살아나고 상황의 긴장감이 고조된다고 보았어요. 이런 번역가의 선택은 옳고 그름의 정합성이라는 척도로는 쉬이 평가하기 어렵습니다. 번역가마다 서로 다른 목적으로 텍스트에 접근하고 서로 다른 효과를 노리고 옮겨 쓰며, 무엇보다 그 여백에서 읽고 써 낸 목소리가 애초에 서로 다를 뿐이기 때문입니다. 따라서 번역된 텍스트의 느낌은, 분명 원문은 동일하지만 어마어마하게 달라질 수 있습니다.

제가 이 소설들에서 화자의 목소리를 경어체로 설정한 가장 주된 이유는, 이처럼 인물들의 다양한 목소리들을 자유간접화법 속에 포괄하는 제인 오스틴의 천재적인 서술 방식을 한없이 유연하게 극적으로 활용할 수 있기 때문이었습니다. 다음에 읽어보실 때는—오스틴은 결코 한 번만 읽고 영원히 덮어두는 작가가 아니니까요!—화자가 서술 속에서 어떻게 변신하는지를 유심히 잘 살펴보세요. 그러면서 작가뿐 아니라 번역가의 움직임을 추적하면 색다른 관점에서 이 재미있는 책을 더욱 재미있게 읽을 수 있을 거예요.

로맨틱 코미디와 밴터:
그가 사랑에 빠지는 순간

『오만과 편견』 1부 10장에서 엘리자베스 베넷은 감기에 걸린 언니를 돌보러 진흙탕을 걸어 건너 (모험의 이 세계인) 네더필드에 와서 자기와 다른 세계에 속한 사람들을 흥미진진하게 관찰해요. 특히 미스 빙리가 다아시를 유혹하려 자의식도 없이 비위를 맞추는 모습은 정말 흥미진진하고도 웃겨서 엘리자베스는 자기도 모르게 귀를 쫑긋 세우고 엿듣지 않을 수가 없습니다. 이때 진행되는 미스 빙리와 다아시의 대화가 다음과 같아요.

"미스 다아시는 이런 편지를 받으면 얼마나 기쁠까요!"
 그는 아무 대답도 하지 않았어요.
"글 쓰시는 속도가 범상치 않게 빠르세요."

"잘못 보신 겁니다. 저는 오히려 천천히 쓰는 편이에요."

"일 년으로 치면 쓰셔야 할 편지가 얼마나 수없이 많겠어요! 사업상의 편지도 있잖아요! 세상에 난 생각만 해도 몸서리쳐지게 싫은데요."

"그럼 다행이네요. 미스 빙리가 아니라 제가 할 일이라서요."

"부디 동생분께 제가 너무 보고 싶어한다고 전해주세요."

"원하시는 대로, 그 말은 이미 한 번 적었습니다."

"펜이 마음에 들지 않으실까 걱정이네요. 제가 대신 손질해드릴게요. 펜 손질이라면 제가 엄청 잘하거든요."

"감사합니다—하지만 전 제 펜은 늘 제가 직접 손질합니다."

"어떻게 그렇게 고르게 쓰실 수가 있어요?"

그는 침묵을 지켰습니다.

—『오만과 편견』, 1부 10장.

아니, 이런 대화라면 우리라도 엿듣지 않을 수 없잖아요! 아무 부연 설명이 없어도, 이 대화를 통해 두 사람의 관계가 철저한 교착 상태에 빠져 있음을 알 수 있습니다. 언어는 오가지만 이 언어들은 서로의 거리를 전혀 좁혀주지 못해요. 미스 빙리와 다아시의 대화는 연결은커녕 소통의 불능을 확정합니다. 이 대화는 언제 읽어도 새삼 웃긴데, 그 유머의 근원에는 사실 다아시와의 연결을 절박하게 갈망하지만 끝없이 실패하는 미스 빙리의 좌절이 깔려 있지요. 21세기의 우리는 두 사람이 함께 있으면서도 서로의 고독을 결코 달래주지 못하고 그 어떤 의미에도 도달하지 못하는 이러한 대화, 이 공허한 언어의 웃김과 슬픔을 잘 알고 있어요. 이를테면 이런 대화라든가요.

> 블라디미르: 자네는 시인이 되었어야 해.
> 에스트라공: 전에는 그랬어. 딱 보면 모르겠어?
> [침묵]
> 블라디미르: 내가 무슨 말을… 자네 발은 어때?
> 에스트라공: 눈에 띄게 붓고 있지.
> 블라디미르: 아, 그래, 도둑 두 명. 자네 그 얘기 기억나나?
> 에스트라공: 아니.
> 블라디미르: 얘기해줄까?
> 에스트라공: 아니.
> 블라디미르: 그걸로 시간을 때울 수 있을 거야. 도둑 둘이, 우리 구세주와 함께 십자가에 매달린 거야. 그런데 하나가 —
> 에스트라공: 우리 뭐라고?
> — Samuel Beckett, *Waiting for Godot*, Act 1.

물론 이 소설은 부조리극이 아니지요. 하지만 "전날과 크게 다를 바 없이 흘러간" 그날 미스 빙리와 다아시의 대화는 말의 기능이 '시간을 때우는' 것으로 전락한 한가로운 특권층의 무위한 일상이, 삶의 의미가 소진된 부조리극의 세계와 닮았다는 걸 언어적으로 보여줍니다.

하지만 편지를 결코 "쉽게 쓰지" 않으며 네 음절 단어를 놓고 지나치게 고심하는 다아시는, 이 세계의 소통이 엉망진창이라는 걸 잘 알고 내심 불만에 차 있습니다. 이때 세상 그 누구보다도 "아무렇게나 글을 쓰는" 빙리 씨가 이 대화에 끼어들지요. 자기는 편지를 쓸 때 "낱말의 절반은 빠뜨리고 나머지는 잉크 얼룩 범벅"으로 만들면서도 "생각이 너무 빨리 흘러가서 표현이 따라갈 시간이 모자라"기 때문에 "가끔 수신인에게 아무 생각도 전달하지 못한다"는 걸 자랑처럼 떠벌려요. 그 말에 발끈한 다아시는 친구의 태만과 부주의, 우월감을 공격하는데요. 이 뜬금없이 낯선 공격이야말로, 그가 얼마나 이 나태하고 부주의한 소통자들에게 염증이 나 있는지를 얼핏 드러내지요.

바로 이 순간 대화의 판도를 180도 바꾸는 존재가 등장하는 겁니다. 바로 우리의 미스 엘리자베스 베넷이지요. 엘리자베스가 다아시에 대한 적의로 무장하고 검투사처럼 대화의 장에 뛰어들자, 느슨하고 공허한 대화에 돌연 팽팽한 긴장감이 감돕니다. 한 마디를 하면 지지 않고 한

마디로 받아치는 말싸움, 탁구공처럼 빠르게 오가는 공세와 방어의 대화, 언어적 맞수와 팽팽한 합을 겨루는 대화, 리듬을 타며 위트를 겨루는 대화, 바로 '밴터(banter)'로 변하는 것이지요.

"친구의 설득에 기꺼이 — 순순히 — 따라주는 건 다아시 씨가 보기에 장점이 아니군요."

"확신이 없이 따른다면야 두 사람 모두의 이해력에 칭찬이 될 수 없지요."

"제가 보기에는 다아시 씨가 우정이나 사랑의 영향을 들일 마음의 여지를 주지 않는 것 같네요. 부탁하는 사람을 배려하는 마음만으로, 논리적 근거를 기다리지 않고 흔쾌히 요청을 들어줄 때도 자주 있으니까요. 빙리 씨가 연루된 가상의 상황을 특정해서 하는 얘기는 아니에요. 빙리 씨가 과연 현명한 행동을 하실지 여부야 실제로 그런 상황이 발생할 때까지 기다렸다가 다음에 논해도 되겠지요. 하지만 일반적이고 평범한 사정이라면, 친구 사이에서 그렇게까지 중대하지 않은 결심을 바꿔달라 요청을 받았을 때, 논리적으로 납득할 때까지 망설이지 않고 그 자리에서 순순히 응한다고 해서 그 사람을 나쁘게 생각해야 할까요?"

"우리가 이 주제로 논의를 진행하기 전에, 그 요청과 관련된 사안의 중요성은 물론이고 두 당사자 간에 존재하는 친밀감의 정도를 더 정확하게 규정하는 게 바람직하지 않을까요?"

—『오만과 편견』, 1부 10장.

고래 싸움에 새우등 터지는 난감한 빙리는 자기가 대화의 주제임에도 불구하고 서서히 밴터에 몰입한 두 사람의 머릿속에서 잊힙니다. 분명 빙리가 중간중간 끼어들고 있는데도 독자는 그의 뻘쭘한 소외를 감지하게 되지요. 다아시와 엘리자베스는 점점 더 서로에게 치열하게 집중하며 상대를 탐색하고 '파고들지'요. 자, 대체 무슨 일이 벌어진 걸까요?

바로 두 사람의 언어가 '맞물려 들어간' 겁니다. "적절한 타이밍에 시작된 적절한 대화에는 무엇이든 바꿀 수 있는 힘이 있다"고 주장한 찰스 두히그가 이 장면을 보았다면 아마 엘리자베스를 보고 내가 찾던 슈퍼 커뮤니케이터가 바로 여기 있다고 유레카를 외쳤을 거예요. 엘리자베스는 과연 슈퍼 커뮤니케이터답게 상대의 말을 정확히 경청하고, 그 리듬을 캐치해서 같은 리듬으로 응수하며, 중요한 정보를 이끌어낼 수 있는 질문들을 던집니다. 찰스 두히그는 저서 『대화의 힘』에서 대화의 궁극적 목적은 연결이라고 주장했는데요. 우리는 대화를 통해 누군가와 '맞물리는' 느낌을 받게 되면 기분이 좋아지도록 진화했다고 해요. 이 본연의 욕망이 우리로 하여금 공동체를 형성하고 자식을 보호하고 새 친구와 새 동맹을 찾아나서게 만든다지요.

그러므로 1부 11장에서 다아시의 적극적인 플러팅을 계기로 두 사람의 밴터가 재개된다는 건 의미심장합니다. 이제 대화는 붙잡고 뿌리치고 밀고 또 당기는 컨트리댄스의 리듬을 닮아갑니다. 미스 빙리와 다아시의 대화가 영원한 교착 상태로 정체되어 있다면 엘리자베스와 다아시의 대화는 끝없이 변화합니다. 부딪쳤다 물러날 때마다 앎이 깊어지고 감정이 고조되고 거리가 사라집니다. 이미 한 번 엘리자베스에게 춤을 신청했다가 거절당한 적이 있는 다아시는 자신의 플러팅에 엘리자베스가 또다시 반격을 가하자, 자기도 모르게 이를 '사적으로' 받아들이게 되어요. 그는 상처받고 진지하게 자기를 변호하기 시작하고, 그러다가 그만 스스로도 놀랄 말을 불쑥 해버리고 맙니다.

"아니요."— 다아시가 말했지요. "저는 그런 주제넘은 말을 한 적이 없습니다. 제게도 결함은 충분히 많습니다만, 그게 이해력의 결함이 아니기를 바랄 따름이지요. 감히 제 성격을 보장하겠다 말할 수는 없습니다—지나치게 양보가 없고 완강한 성질이라고 저도 생각합니다—확실히 세상의 편리를 위해 굽혀주지는 않지요. 다른 사람들의 우매함과 악덕을 잊어야 할 때 잊지 못하고, 제가 당한 억울한 일들도 오래 마음에 담아둡니다. 누가 영향을 미치려 한다고 해서 감정이 매번 쉽사리 요동치지도 않지요. 그런 제 성격을 두고 의분을 품는다 말할 수도 있겠군요—제게 신의를 한 번 잃게 되면 영영 되찾지 못할 겁니다."

— 『오만과 편견』, 1부 11장.

다아시는 맥락에서 갑자기 일탈해서, 아무도 이해하지 못하는 자신의 속마음, 그 속에 도사린 어떤 분노의 응어리를 토해내고 맙니다. 그는 이 말싸움에서 져버렸어요. 엘리자베스와 칼 대신 말을 겨룬 결과, 그는 심장을 깊이 찔려버리고 가장 취약한 약점을 저도 모르게 노출해버린 것입니다. 쉽게 용서하지 못하는 어떤 배신에 관한 이 말의 참뜻은, 이게 얼마나 굉장한 고백인지는, 이야기가 한참 진행된 후에 다시 되짚어 돌아와야만 알 수 있습니다. 이때는, 독자도 엘리자베스도 심지어 빙리 남매도, 방금 얼마나 엄청난 일이 벌어졌는지 잘 모르지만요.

"그건 정말 결함이 맞네요!"—엘리자베스가 외쳤어요. "무결한 자의 분노야말로 인격에 드리운 그림자이지요. 하지만 결점을 참 잘 고르셨어요—그것만큼은 도저히 저도 놀리며 웃을 수가 없거든요. 그러니 다아시 씨는 저한테서 안전하세요."

"모든 성정에는, 특정한 악덕에 기우는 경향이 있다고 믿습니다. 심지어 최고의 교육으로도 극복할 수 없는, 타고난 결함 말입니다."

"그러면 당신의 결함은 만인을 싫어하는 경향이군요."

"그리고 당신의 결함은," 받아쳐 말하며 그는 설핏 웃었습니다. "멋대로 만인을 오해하려는 경향이고요."

—『오만과 편견』, 1부 11장.

영시에서 대표적인 사랑시인 소네트를 마무리 짓는 2행의 대구를 커플릿(couplet)이라고 합니다. 이 대화는 흡사 힙합 전사들의 랩 배틀처럼 진행되다가 소네트의 커플릿처럼 끝납니다. 어떻게든 서로 리듬을 맞춰가다가, 마지막 두 행에서는 언어적 구조까지를 완벽하게 맞춰버리는 거죠. 그들의 아슬아슬한 티키타카가 그야말로 완벽하게 '맞물려' 들어가죠. 찰칵.

제인 오스틴은 다아시가 엘리자베스를 왜, 어떻게 사랑

하게 되는지, 왜 그토록 사랑하게 되는지를, 정교하게 계산된 언어로 빈틈없이 구축합니다. 제인 오스틴이 교묘하게 배치하고 생략하는 정보들, 톱니바퀴처럼 빈틈없이 맞아떨어지는 소설적 구조와 다양한 대화의 형식들은 그야말로 잘 짜인 불칸의 황금그물망처럼 다아시를—그리고 독자를—차근차근 옭아매서 사랑이라는 덫에 덜컥 걸려버리게 만들지요.

『이성과 감성』과 『오만과 편견』의 출간 사이에 제인 오스틴은 작가로서 중요한 기술을 갈고닦은 것으로 보입니다. 바로 편집의 기술이에요. 『왓슨 가족』과 『샌디턴』 같은 미완의 원고들을 보면 제인이 일단 생각의 흐름대로 글을 쓰는 작가였다는 걸 알 수 있어요. 거칠더라도, 군더더기가 많더라도 일단 생각나는 대로 글을 쓴 다음, 자기 원고의 편집자가 되어 냉정하게 자르고 붙이고 다듬었던 것이지요. 불필요한 문장을 거침없이 생략하고 상황과 인물의 배치를 조정하는 이 퇴고 과정은, 전문 편집자라는 개념 자체가 정립되기 전에 제인 오스틴이 본능적으로 편집의 필요성을 느꼈음을 보여주는 것이어서 매우 흥미롭습니다. 동시대의 다른 소설가들과 눈에 띄게 다른 점이기도 하고요.

제인은 오랜 세월에 걸쳐, 집요하게, 초고의 문장들을 지우고 상황과 인물을 재배치하고 문장을 다시 쓰며 작품을 다듬었는데, 그 흔적들이 원고는 물론 출간을 둘러싼 여러 정황에도 남아 있어요. 일단 『오만과 편견』의 초고였던 『첫인상』만 해도 출간을 거절당할 당시 원고 매수로 보아 길고 장황했던 것 같고, 첫 출간작인 『이성과 감성』은 원고를 책으로 완성해본 경험이 없던 제인이 편집의 감각을 온전히 갖추지 못했음이 후반부에서 아쉽게도 드러납니다. 하지만 제인은 같은 실수를 결코 반복하지 않았지요. 이 년 후 출간된 두 번째 소설 『오만과 편견』은 현대의 기준에서 보더라도 문체가 간결하고 명징하며 구조적으로도 서사가 효율적으로 정리되어 있거든요. 완벽하게 편집된 소설의 교본이라 해도 과언이 아니에요. 번역하는 과정에서 또다시 새삼 절감했는데, 정말이지 『오만과 편견』에는 군더더기라고 느껴지는 문장이 정말로 하나도 없더군요. 모든 단어와 문장이 적재적소에 놓여 정확히 의도된 기능을 백분 수행합니다.

밴터라는 대화의 특수한 형식은 제인 오스틴이 창시한 로맨틱 코미디 장르의 가장 확고한 규칙으로 자리 잡았어요. 할리우드 고전 영화인 스크루볼 코미디 걸작 〈필라델피아 스토리〉나 〈베이비 길들이기〉, 로맨틱 코미디를 부흥시킨 노라 에프런의 〈해리가 샐리를 만났을 때〉와 〈유브 갓 메일〉을 기억하시지요? 태초에 『오만과 편견』 1부 11장이 있었답니다.

책이 남자에 관해 말해주는 것들

네더필드 파크에서 다아시는 책을 읽습니다. 열심히 읽습니다. 미스 빙리와 대화하기 싫을 때도 책을 읽고 엘리자베스한테 더 말을 걸었다간 답도 없이 사랑에 빠져버릴까 봐 결연히 못 본 척할 때도 책을 읽습니다. 하긴 엘리자베스가 처음 네더필드에 온 날부터 다아시의 책 사랑이 화제였지요. 펨벌리에는 수 세대에 걸쳐 완성한 아름다운 장서 컬렉션이 있고, 다아시 본인도 수시로 책을 더 사서 채워 넣는다는군요. 그래요, 이만하면 우리 독자들도 충분히 알았답니다. 다아시는 책을 아끼고 사랑한다는 걸요. 하지만 무슨 책을 그렇게 열심히 읽는 걸까요? 자, 다음의 대화에 단서가 하나 있습니다.

"아! 아유, 그럼요—하지만 샬럿이 솔직히 아주 평범한 외모라는 건 인정하셔야죠. 레이디 루커스 본인이 자주 그리 말하면서 제인의 미모를 부러워했거든요. 자기 자식 자랑을 나서서 하는 건 좋아하지 않지만, 그래도 확실히 제인만큼은—애보다 더 예쁜 사람은 자주 보기 힘들잖아요. 사람들 누구나 다 하는 말이에요. 전 제 편향된 마음은 믿지 않는답니다. 제인은 나이가 열다섯밖에 안 됐을 때도, 런던에 사는 내 동생 가디너네 집에 묵던 어떤 남자가 정신없이 사랑에 빠져서 우리 올케는 글쎄 우리가 떠나기 전에 그 남자가 청혼할 거라고 철석같이 장담했다니까요. 무슨 영문인지 그러진 않았지만요. 아마 애가 너무 어리다고 생각했던 모양이죠. 그래도 그 남자가 제인한테 바치는 시 구절도 몇 줄 썼는데 참 예쁜 시였어요."

"그 시와 함께 애정도 끝나버렸죠." 엘리자베스가 참지 못하고 말해버렸어요. "아마 똑같은 방식으로 사랑을 극복한 사람들이 많이 있었을 거예요. 사랑을 쫓는 데 시가 특효라는 걸 누가 처음 발견했을지가 전 궁금하네요."

"저는 시가 사랑의 양식인 줄 알았습니다." 다아시의 말이었지요.

"훌륭하고 탄탄하고 건강한 사랑이라면 그럴 수도 있지요. 이미 강인한 사랑이라면 그 무엇이든 양분이 될 테니까요.

하지만 하찮고 가냘픈 유의 호감 정도에 불과하다면 괜찮은 소네트 한 수로 말끔히 굶겨 죽일 수 있다고 전 확신해요."

다아시는 미소를 머금었을 뿐이에요. 하지만 뒤이어 좌중의 대화가 끊겨버리자 엘리자베스는 어머니가 또 밑천을 드러낼까 두려워 떨 수밖에 없었지요. 정말이지 무슨 말이라도 하고 싶었지만 할 말이 하나도 생각나지 않았어요.

—『오만과 편견』, 1부 9장.

무식한 베넷 부인과 무례한 어린 동생들이 네더필드에 나타나서 망신스러운 언행으로 엘리자베스의 얼굴에 먹칠을 하고 있는 와중에 이어진 짧은 대화입니다. 어때요, 당신은 찾으셨나요? 다아시가 무슨 책을 읽고 있는지 알려주는 힌트를요. 그래요, 무려 제인 오스틴이 직접 이탤릭으로 강조해두기까지 했단 말이지요. "저는 시가 사랑의 양식인 줄 알았습니다.(I thought poetry is the food of love.)" 이 말에 힌트가 있어요.

> 음악이 사랑의 양식(the food of love)이라면
> 계속 연주해라. 나한테 잔뜩 먹여서 과식하게 해줘
> 그러다 물려서 욕망이 병들고 기어이 죽어버리게 말이야.
> — William Shakespeare, *Twelfth Night*, Act 1, Scene 1.

신분이 다른 여자들과 남자들이 서로 쫓고 쫓기는 사랑의 소동을 다룬 이 걸작 희극의 유명한 첫 대사에서 오르시노 공작은 보답받지 못하는 짝사랑에 시름시름 상사병을 앓고 있습니다. 사랑에 빠져 허우적거리는 상태가 죽도록 괴롭지만 자의로 멈추지 못해 어쩔 줄 몰라 하고 있지요. 상사병에서 빠져나오려고 애쓸수록 더 깊이 붙잡혀 들어가고 있어요.

어머, 그럼 지금 다아시는 설마 지금 (벌써) 플러팅을 하고 있는 걸까요? 그럴지도요. 하지만 그보다 더 중요한 건 엘리자베스가 이 말의 맥락을 '알아들었다'는 것입니다! 이 똘똘한 아가씨는 다아시가 셰익스피어를 인용하고 있다는 것도 알아들었고 과식해서 배 터져 사랑이 죽는다는 원전의 맥락도 알아들었을 뿐 아니라 "괜찮은 소네트 한 수면 굶겨 죽일 수도 있다"고 정확히 응수까지 한 거예요! (말하자면 외로운 덕후 너드가 동족을 알아본 상황이라고나 할까.) 다아시는 책을 좋아하지만 책을 전혀 읽지 않는 사람들에게 둘러싸여 있습니다. 빙리 씨는 상업에 종사해서 장서 관리를 형편없이 했던 부친을 탓하지만 사실 자기도 별로 책 읽기를 좋아하지 않지요. 미스 빙리는 다아시가 책을 좋아한다는 걸 알기 때문에 늘 독서를 좋아하는 척하지만 사실은 다아시가 읽는 책의 2권이라는 이유만으로 책을 집어 들었다가 몇 분도 안 돼서 내려놓는 사람이에요. 그런데 이 사탄의 세계에 루시퍼, 아니 진짜로 제대로 책을 읽는 여자가 등장한 거라면요? 네, 아무튼, 다아시는 미소를 머금었을 따름입니다.

앞서 이야기했던 찰칵, 하고 맞아떨어지는 위태로운 밴터 이후 다아시는 금세 (사랑에 빠질까 무서워서) 도망가고 또 다른 남자가 엘리자베스 앞에 등장합니다. 바로 콜린스 씨지요. 자기가 영지를 물려받으면 무일푼이 될 집안의 딸들이 예쁘다는 소문을 듣고 괜찮으면 결혼할 요량으로 찾아온 친척입니다. 그런데 콜린스 씨도 그 나름대로 책을 읽는 남자랍니다.

[베넷 씨가 콜린스 씨와 대화하기 싫어져서 딸들에게 책을 읽어달라고 부탁한 상황에서] 콜린스 씨가 흔쾌히 수락하자 책 한 권을 내왔습니다. 하지만 그 책을 보자마자(어느 모로 보나 이동도서관에서 빌려 온 것이 분명했기에), 그는 기겁하며 화들짝 물러섰고, 용서를 구하며 자기는 결코 소설을 읽지 않는다고 항의했지요 — 키티는 눈을 똥그랗게 뜨고 그를 쳐다보았고 리디아는 꺅 소리를 질렀어요 — 그래서 다른 책들이 대령되었고, 심히 숙고를 거듭하던 콜린스 씨는 『포다이스 설교집』을 골랐답니다. 리디아는 콜린스 씨가 책

을 펼치자 입을 떡 벌렸고, 그가 매우 단조롭고 엄숙한 어조로 세 페이지를 미처 다 읽기도 전에 낭독을 뚝 자르고 들어와 할 말을 했습니다.

―『오만과 편견』, 1부 14장.

콜린스 씨는 여자가 소설을 읽는다는 데 기겁하면서 처음 본 여자들에게 『포다이스 설교집』을 읽어줘요. 리디아가 대뜸 짜증을 내며 반항하자 곧바로 토라져서 "진지하고 묵직한 내용의 책"을 요즘 여자애들이 싫어한다고 투덜거리지요.

포다이스 설교집(Fordyce's Sermons)은 1765년 신학 박사 제임스 포다이스가 '젊은 여성들을 위한 설교'라는 제목으로 펴낸 당대의 베스트셀러입니다. 여자들의 순종과 남자들을 기쁘게 해줘야 할 의무를 강조한 행동지침서이지요. 포다이스는 젊은 여자들에게 "고분고분하고 온순하고 보드랍고 순종적이고 심지어 홀대하더라도 순응해야 한다"고 가르쳤고 "교육보다 아름다움이 중요하다"고도 했습니다. "자연이 남자를 여자보다 선천적으로 똑똑하게 만들었다"든가 "남자들은 말이 없고 여리여리하고 매력적인 여자를 선호한다"는 말도 했지요. 심지어 자기가 보기엔 "운동이 남성적이고 우아하지 못하니 여자들은 피해야 한다"는 말도 했답니다. 그러나 각 가정에 한 권씩 구비되어 있을 정도로 엄청난 영향을 미쳤어요. 이에 메리 울스턴크래프트는 크게 반발했고 포다이스 설교집을 일컬어 "하녀의 초상"이라고 비난했습니다.

엘리자베스 베넷은 제인 오스틴이 흡사 포다이스 설교집에 조목조목 반발하려고 창조한 캐릭터 같아요. 고분고분하기는커녕 또박또박 말대답을 하죠. 도도하면서도 다정한 성품인 데다, 미모보다는 지성이 빛나는 여자고요. 얌전히 걷기는커녕 언니가 위험하다면 진흙탕 오 킬로미터쯤 거뜬히 걸어갑니다. 그리고 다아시는 이런 엘리자베스를 위해 창조된 남자고요. 치마에 진흙 범벅을 하고 씩씩하게 걸어들어온 엘리자베스를 보고 다아시는 "운동의 효과로 반짝이는 그녀의 얼굴빛이 정말 아름답다는 마음과 과연 이게 이렇게 먼 데까지 혼자 올 일인가 하는 생각" 사이에서 혼란스러워하죠. 네더필드 무도회에서 다시 만났을 때, 엘리자베스가 서로 공통점이 없어 할 말이 없는 사람들이라고 말하자, 그는 바로 이렇게 묻는답니다.

"책은 어떻습니까?" 그는 미소 지으며 물었습니다.
"책이라니 — 어머, 안 돼요! — 우리가 같은 책을 읽을 리도 없고, 읽더라도 같은 감정으로 읽을 리가 없단 말이에요."

"그렇게 생각하신다니 유감이군요. 하지만 정말 그렇다면, 이야깃거리가 떨어질 걱정이 없겠습니다—서로 다른 의견을 비교해볼 수 있으니까요."

"안 돼요—전 무도회장에서 책 얘기를 할 수는 없어요. 머리에 항상 다른 생각이 가득 차 있단 말이에요."

—『오만과 편견』, 1부 18장.

그러니 기억하세요. 제인 오스틴의 소설에서는 누가, 언제, 왜, 무슨 책을 어떻게 읽느냐가 늘 굉장히 중요하답니다. 또 떠들썩한 클럽이나 파티장에서 뜬금없이 책 이야기를 하자고 하는 무뚝뚝한 사람들을 꼭 눈여겨 보시고요.

작가의 집과 글쓰기의 시공간

 작가 제인 오스틴에게 집은 절박한 화두였습니다. 제인의 소설은 모두 이 세상에서 자기만의 집을 찾는 이야기라 해도 과언이 아니지요. 묘하게도 제인의 글쓰기는 문자 그대로의 집과 깊이 연루되어 있어요. 애틋하게 사랑했던 유년기의 집 스티븐턴 목사관을 잃은 순간부터 자의 반 타의 반으로 절필하다시피 했으니까요. 제인의 아버지 조지 오스틴이 교구 목사직에서 은퇴하며 딸들의 결혼을 위해 사교의 도시 바스로 이사하기로 결정을 내린 건 1801년, 그때 제인은 집에 돌아와 그 소식을 듣고 그 자리에서 기절해 쓰러졌다고 합니다.

 바스로 이주한 가족은 처음에 사교 연회가 날마다 열리는 시드니 호텔(현재의 홀번 뮤지엄) 바로 앞의 부촌 시드니 플레이스의 고급 타운하우스에 세 들어 살게 되지만 차츰 재정 상황이 나빠지면서 점점 더 변두리로 이사하게 됩니다. 바스에서 그 집들을 보면 딸들을 반드시 좋은 혼처에 시집보내겠다는 가족의 (아마도 어머니의) 결연한 의도가 숨이 콱 막히는 압박감으로 다가온답니다. 무도회와 연회에 의무적으로 참석해야 했겠지만, 귀족들과 부자들이 전유한 피상적이고 화려한 사교계와 메울 수 없는 거리감을 느꼈던 제인의 마음도 다가오고요. 그러다 1805년 작가 제인 오스틴의 최고 후원자였던 아버지가 세상을 떠나자 어머니와 두 자매는 바스 생활을 감당할 수 없었고, 오빠들에게 생계를 의탁하는 천덕꾸러기가 되어 점점 더 외진 시골로 밀려나 연고도 없는 사우샘프턴까지 생활비가 싼 곳을 찾아 떠돌게 됩니다.

중요한 건 이 시기 제인이 글을 쓰긴 했지만 원고를 단 한 편도 마무리하지 못했다는 사실이에요. 글을 쓰다가도 사람들이 들어오면 화들짝 놀라 벌떡 일어나서 원고를 숨기곤 했다고 하고요. 책을 좋아하는 딸의 열아홉 살 생일 선물로 휴대용 책상을 사서 선물한 아버지와 달리 어머니는 제인이 글을 쓰는 걸 전혀 탐탁하게 생각지 않았으니, 아버지도 잃고 집도 없이 유랑하던 이 시절에 소설을 쓸 시간과 공간과 명분과 마음의 여유를 확보하는 일이 제인에게는 얼마나 어려웠을까요. 여러모로 심란한 얘기지만, 1808년 부자 오빠 에드워드 나이트의 아내 엘리자베스 브리지스 나이트가 열한 번째 아이를 출산하다가 세상을 떠나지 않았다면, 우리는 제인 오스틴의 소설을 영영 단 한 권도 읽지 못했을지 몰라요.

(다아시보다도 두 배가 훌쩍 넘는 재산을 가진 부자였던) 에드워드는 월 백 파운드의 생활비를 겨우 인색하게 내주다가 아내가 세상을 떠나자마자 초턴 영지의 아담한 코티지 한 채를 어머니와 자매들에게 선뜻 주었는데요. 엄마를 잃은 자식들이 커샌드라 고모를 워낙 잘 따르고 좋아했기 때문에 양육을 도와달라 청했다는 설도 있지만 정황의 증거일 뿐이지요. (엄청, 엄청 그럴 법하다 느껴지긴 하지만요.) 하지만 때는 많이 늦었더라도, 이때에라도 에드워드가 초턴에 집을 마련해주었기 때문에, 제인은 드디어 글을 쓸 수 있는, 자기만의 시간과 공간을 가질 수 있게 되었어요. 오빠 헨리 오스틴의 도움으로 1811년부터 꾸준히 소설을 출판하게 된 건 결코 우연이 아니었지요. 버지니아 울프가 그토록 중요하게 생각했던, 생계 걱정 없이 글을 쓸 여유를 드디어 얻었던 셈이니까요. 하지만 안타깝게도 그토록 사랑했던 그 집에 정착한 후 불과 팔 년밖에 글을 쓰지 못한 채 젊은 나이에 세상을 떠났고, 이는 우리 모두의 깊

은 슬픔으로 남습니다. 우리도 버지니아 울프가 상상했던 것처럼, 제인 오스틴이 예순 살까지 글을 썼다면 어떤 소설을 썼을까, 아쉬운 마음으로 상상해보지 않을 수 없지요. 버지니아 울프는 영국도 마르셀 프루스트를 갖게 되었으리라 믿어 의심치 않습니다.

현재 제인 오스틴 하우스 뮤지엄으로 운영되고 있는 초턴 코티지는, 그곳을 찾아간 우리에게 특별한 체험을 선사해주었는데요. 뮤지엄이 공식적으로 개장하기 전, 어둠에 휩싸인 고요한 집 안을 느껴볼 수 있게 해준 거예요. 덕분에 우리는 어둠 속에서 좁은 계단을 살금살금 올라가 제인 오스틴의 침실에서 커튼을 열고, 창문으로 스미는 하루의 첫 햇살을 제인이 어떻게 맞았을까 상상해볼 수 있었답니다. 희미한 어둠과 평화로운 고요 사이로 숨죽인 스물다섯 순례자들의 조용한 발소리, 삐걱거리는 마룻널 소리, 끼익 열리거나 닫히는 문소리만 간간이 들려오던 그때의 기억은 어쩐지 마술 같습니다. 마당에 걸려 있는 빨래, 제철의 꽃이 늘 가득가득 피어 있는 아담한 정원. 붉은 벽돌집 창문으로 내려다보니 푸른 잔디 깔린 고즈넉한 안뜰이 한눈에 들어왔어요.

제인은 늘 이른 아침 다른 가족이 잠에서 깨기 전에 일어나서 새벽의 첫 빛을 보고 아래층으로 내려와 피아노를 치거나 글을 썼다고 해요. 초턴 코티지의 방들은 그가 남긴 흔적들로 가득합니다. 우리는 그로 하여금 글을 쓸 수 있게 해준 시간과 공간을, 빛과 어둠, 현실과 비현실이 만나는 시공간의 그 특별한 감각을, 그때 그 자리에서 함께 나누었던 것이지요. 그 공간 그 시간이 우리의 젊은 소설가를 보듬어 당당히 책을 출판한 작가로 성장시켜주었던 것입니다.

어떤 외로움의 창생

우리가 처음 엘리자베스를 만났을 때를 떠올려볼까요. 그는 씩씩하고 재기 넘치고 용감하고 어여쁘고 도도하고 웃기고 사랑스럽고 당당하지만 결코 외롭지는 않습니다. 엘리자베스는 완벽하게 하트퍼드셔 롱본에 소속된 사람입니다. 물론 내심 자기가 남들처럼 돈이나 권위에 휘둘리지 않으며 남달리 사람을 잘 파악하는 똑똑하고 특별한 사람이라는 우쭐한 마음이 있기는 하지만, 그래도 엘리자베스는 하트퍼드셔에서 인기 만점인 '인싸'이고 롱본은 속속들이 엘리자베스의 집입니다. 사회와 어긋나거나 분리된 내면의 흔적은 찾아볼 수 없습니다. 엘리자베스가 사람을 판단하는 기준은 그 사회의 기준 그대로이고, 행여 비밀 이야기나 속마음이 생기더라도 그 즉시 제인 언니나 샬럿에게 조르르 달려가 고해하듯 다 털어놓기 때문이지요.

엘리자베스는 샬럿이 자기가 이해할 수 없는 남자와 결혼하는 선택을 하는 순간, 처음으로 분리의 배신감, 어떤 말할 수 없는 마음을 알게 됩니다. 하지만 이 역시 언니 제인이 있기에 괜찮다고 느낍니다. 사실 엘리자베스가 소속된 고향은 가족이라기보다는 무슨 말을 해도 있는 그대로 받아주는 안전한 청자인 관용의 화신 제인이고, 하트퍼드셔는 무질서하고 무례하고 촌스럽지만 그 나름대로 퍽 자유로운 사회입니다. 윌리엄 경과 베넷 씨는 무지하거나 나태해서 통치 자체를 하지 않는 영주들이긴 하지만 관대하고 친절하니까요. 그러나 헌스퍼드로 여행하게 되면서 엘리자베스는 처음으로 개인의 사생활과 내면성을 사정없이 침범하는 정치사회적 권력에 맞닥뜨립니다. 레이디 캐서린 드 버그의 로징스 파크는 초소형 파시스트 독재국가 같습니다.

레이디 캐서린은 커피가 나올 때까지 막간도 없이 말을 계속했는데, 모든 주제에 관해 자기주장을 피력하는 단정적인 매너로 보아 누가 자기 판단에 감히 반박하는 데엔 익숙하지 않은 게 분명했어요. 레이디는 샬럿의 집안 문제를 내밀하고도 상세하게 꼬치꼬치 캐물었고 엄청나게 많은 조언을 서슴지 않았어요. 그렇게 작은 집안에서는 살림을 어떻게 관리해야 하는지 낱낱이 일러주고 소와 가금류를 돌보는 일에 관해서도 지시를 내렸어요. 엘리자베스는 이 위대하신 레이디께서는 남한테 이래라저래라 할 기회만 준다면 아무리 미천한 일이라도 얼마든지 관심을 주신다는 걸 알아챘답니다. […] 말은 주로 레이디 캐서린이 하고 있었는데 — 다른 셋의 실수를 지적하거나 뭔가 자기의 일화를 말하고 있었지요. 콜린스 씨는 레이디께서 하시는 모든 말씀에 열심히 동의하며 자기가 칩을 하나 딸 때마다 꼬박꼬박 레이디께 감사를 표하고 많이 땄다 싶으면 송구하다며 사과하고 있었고요. 윌리엄 경은 말을 별로 많이 하지 않았어요. 일화들과 귀족의 이름들을 기억에 저장하고 있었거든요.

—『오만과 편견』, 2부 6장.

무엇보다 로징스 파크에는 대화가 부재합니다. 소통은 쌍방향으로 이루어지지 않습니다. 레이디 캐서린 드 버그만 말할 권리를 누리고 그 밖엔 누구도 자기표현을 권장받거나 허락받지 못하지요. 폭군 같은 아버지 슬하에서 독자적으로 생각하는 능력을 잃은 터에 욕심은 많고 허영심과 비굴함이 뒤섞인 콜린스 씨는 레이디 캐서린 드 버그의 완벽한 노예입니다. 윌리엄 경과 마리아는 외지인이지만 겁이 많고 무지한 탓에 권력과 권위를 전혀 구분하지 못하고, 오즈의 마법사처럼 허깨비 공포를 유발하는 권력자의 공연에 꼼짝없이 옭아매어집니다. 오로지 엘리자베스만 빅브라더의 눈처럼 사적인 비밀과 주체적 사유를 파고드는 레이디 캐서린의 권력에 휘둘리기를 거부합니다. 공동체에 소속되려면 "개인의 자유, 다른 사람의 생각과 행동에 관계없이 자신의 선택에 따라 행동할 자유, 즉 자기 삶의 주인이 되는 자유"*를 대가로 내놓아야 하는 헌스퍼드는 엘리자베스가 결코 집으로 삼을 수 없는 곳입니다. 그래서 짤막한 체류 중에도 그녀는 레이디 캐서린에게 항거합니다. 또박또박 말대꾸를 하고 기회만 생기면 숲으로 도망쳐 집요한 감시의 눈길을 피하려 합니다.

다른 사람들이 레이디 캐서린을 방문하러 가고 없을 때면 제일 좋아하는 산책로에 자주 갔는데, 그 길은 파크의 한쪽 경계를 이루는 개방된 관목 숲을 따라 나 있었지요. 그곳에 온 세상에서 혼자만이 진가를 알고 있는 듯한 아늑하고 고즈넉한 숲길이 숨어 있었고, 엘리자베스는 거기 가면 레이

---

* 다이앤 엔스, 『외로움의 책』(박아람 옮김, 책사람집, 2025), 170쪽.

디 캐서린의 호기심이 미치지 못하는 곳에 다다랐다는 느낌이 들었어요.

—『오만과 편견』, 2부 7장.

"온 세상에서 혼자만이 진가를 알고 있는 듯한 아늑하고 고즈넉한 숲길"은 감시자의 눈을 피하는 해방구이자, 획일적인 세계의 기준과 다른 취향과 욕망, 자아의 고유함을 날카롭게 일깨워주는 곳입니다. 이 숲길이 불러일으키는 감정은, 외로움이라기보다는 자기 자신으로 존재할 수 있는 자유를 향유하는 고독에 가깝지요. 흥미롭게도 감시자의 눈길이 강렬해지자 이 사생활의 감각이 날카롭게 깨어납니다. 그런데 바로 이곳에 이상하게도 자꾸만 다아시 씨가 출몰하는 겁니다. 게다가 최근 다아시 씨는 엘리자베스에게 뜬금없는 말을 많이 하고 있어요. "우리는 둘 다 낯선 사람에게 잘 보이려고 공연하지는 않지요"라든가 "당신이 내내 롱본에만 살았을 리가 없지 않습니까" 같은 소리는 무엇일까요. 다아시 씨는 엘리자베스와 자신이 장소로(=신분으로) 정의할 수 없는 고유하고 독자적인 면모를 가지고 있기 때문에 닮은 사람들이라고 주장하고 있습니다. 그는 아마 이 이유 때문에 빙리는 제인과 결혼하면 불행해질 테지만 자기는 괜찮을 거라고 생각한 것은 아닐까요. 감정을 연구한 철학자 로버트 C. 솔로몬은 "강한 의미의 사생활"이란 유럽의 혁명이 일깨우고 또 혁명의 동력이 되었던 역사적인 발명품이고 "개인이 자신의 삶을 영위할 권리와 능력, 그리고 두 개인이 자신의 방식으로 서로를 정의할 권리"라고 주장하며, 이 감각이 생기기 전에는 "개인의 정체성"은 문제조차 되지 않았을 것이라 말합니다.

> 사랑이 자기 정체성의 욕구에서 생겨난다면, 기존의 전통적 역할이 권위를 잃고 사적 역할이 더 중요해지면 사랑은 점점 더 중요해질 거라고 기대할 수 있다. 연인은 역사에 등장한다. 연인은 할리퀸 로맨스에 등장할 뿐 아니라 사회적 타락과 붕괴의 한가운데서 역사에 나타난다. 한때 정확하고 구체적인 사실들에 의해 철저하게 규정되었던 자아는 이제 불확실하게 매달려 있으면서 사적으로 자신을 찾아 나선다. 우리의 사랑 관념은 사적 해결책을 들고 세상 속으로 들어온다.
> — 로버트 C. 솔로몬, 『사랑을 배울 수 있다면』(이명호 옮김, odos, 2023), 325쪽.

사실 생각해보면 가면을 쓰고 사회적 공연을 하지 않았다는 말은, 이들이 둘 다 로징스 파크의 파시스트적 압력을 혐오하는 개인주의자들이긴 하지만 각자 소속된 사회와는 정말로 어긋난 적은 없었다는 말입니다. 다아시는 펨벌리 사람이고, 엘리자베스는 하트퍼드셔 사람입니다. 두 사람이 만나는 로징스 파크는 하트퍼드셔와 펨벌리의 중간 지대입니다. 자기와 익숙하지 않은 곳에서 자기가 소속된 사회와 철저히 분리되어 정말로 혼자, 자기 자신이 되었을 때, 혼자인 자기 자신의 내면성이 외부의 압력에 위협받아 날카롭게 각성할 때 그들은 서로 이끌리며 충돌합니다. 그래서 다아시의 첫 번째 청혼은, 이질적인 두 세계의 대격돌입니다. 펨벌리와 하트퍼드셔가 두 사람을 통해 대리전쟁을 벌입니다. 그리고 두 사람이 철저히 다른 세계의 사람, 이방인이며 타자라는 사실을 참담하게 재조명하는 결과로 끝이 납니다.

하지만 이 청혼을 묘사하는 제인 오스틴의 글쓰기는 세계의 충돌 저변에서 속절없이 이끌리는 개인을 함께 그려냅니다. 세계의 힘이 작용하는 이성의 제어, 의지력으로 억누를 수 없는 사랑, 어지러운 감정과 끓어오르는 에로스의 힘이 뒤섞여 씨름합니다. 이 둘은 서로 싸우고 있지만 또한 서로 자신과 싸우고 있습니다. 다아시는 자기 내면의 전쟁을 고백하며 청혼을 시작합니다. "안간힘을 다

해봤지만 소용이 없었습니다. 도저히 안 되겠어요. 제 감정이 억눌러지질 않습니다"라는 사랑의 고백은 철저히 정치적인 언어로 구성되어 있습니다. 이는 흡사 폭동을 진압하는 데 실패한 통치자의 항복 선언 같습니다. 이 갈등을 교묘하게 포착하는 제인 오스틴의 글쓰기가 이 처참한 청혼을 모든 면에서 '로맨틱'하게, 즉 낭만주의적이고 또 낭만적으로 만듭니다.

그는 이를 충분한 격려로 받아들였는지, 곧바로 자기가 느끼는 모든 감정, 오래전부터 느껴온 감정을 맹세하는 말들을 잇달아 털어놓았지요. 말은 잘했지만 심장의 문제와 무관한 감정들이 소상히 표현되었고, 다정한 사랑의 화제보다 자존심이 걸린 화제를 말할 때 오히려 유창하고 달변이었어요. 그녀가 자기보다 열등하다는 인식—위신이 굴욕적으로 떨어지는 일이라는 자의식—가문이라는 걸림돌들—때문에 그녀에게 이끌리는 마음이 늘 올바른 사리 판단에 가로막히곤 했다는—이런 얘기들을 한참 동안 격한 감정을 섞어 토로했는데, 아마도 극심한 가슴앓이의 결과겠지만 청혼에 도움이 될 리는 없었지요.

깊이 뿌리박힌 혐오에도 불구하고, 엘리자베스 또한 그런 남자의 사랑을 받는다는 게 얼마나 큰 찬사인지 느끼지 않을 수는 없었어요. 마음은 한순간도 흔들리지 않았지만, 처음엔 그래도 그가 받게 될 마음의 상처에 미안한 마음이 들었지요. 하지만 연이어 그가 쏟아내는 언어를 듣고는 그만 울분이 맺힐 만큼 발끈 흥분해버렸고, 너무나 화가 치민 나머지 불쌍한 마음은 다 사라져버리고 말았어요. 그래도 엘리자베스는 노력을 했답니다. 그가 할 말을 다 하면, 마음을 침착하게 가라앉히고 참을성 있게 대꾸하려고 엄청나게 노력했거든요. 그는 자기가 할 수 있는 모든 노력을 다해봤지만 사랑의 힘이 너무 강력해서 끝끝내 정복할 수 없더라고 고백하고는, 이제 그녀가 부디 이 마음을 받아주어 그간의 분투에 보답해주길 희망한다며 말을 맺었습니다. […]

이제 어지럽게 요동치는 마음이 극에 달해 고통스럽기까지 했어요. 도저히 몸을 가눌 수 없고 온몸의 힘이 다 빠져서, 그대로 털썩 주저앉아 반 시간 동안 엉엉 울었습니다. 방금 있었던 일을 되짚어 생각해보면 그럴수록, 기가 막히고 놀라운 마음이 점점 더 커져만 갔지요. 다아시 씨한테서 청혼을 받았다니요! 그렇게 여러 달 동안 그 사람이 그녀를 사랑하고 있었다니요! 얼마나 사랑에 빠졌으면 친구가 그 언니와 결혼하는 걸 막을 정도로 반대할 사유가 많았는데도 그녀와 결혼하길 바랐던 건지, 본인의 경우에도 똑같이 중대한 문제로 느꼈을 텐데, 그럼에도 결혼하겠다 나설 정도로 사랑했다니, 차마 잘 믿기지가 않는 일이었어요! 자기도 모르는 사이 그런 엄청난 사랑을 불러일으켰다니, 어쩐지 으쓱하고 기분이 좋아지는 것도 어쩔 수 없었고요. 하지만 그의 자존심, 그 혐오스러운 오만, 제인과 연루된 문제로 자기가 한 짓을 뻔뻔스럽게 털어놓는 그 태도, 변명은 제대로 못 하면서 위컴 씨와의 일을 인정하고, 위컴 씨의 이름을 그리 매몰차게 입에 올리는 그 차마 용서할 수 없는 당당함, 그 처사를 부인할 의지조차 없어 보였던 잔인함을 생각하니, 그가 품은 사랑을 헤아려 잠시나마 고개를 들었던 연민이 금세 시들고 말았습니다.

―『오만과 편견』, 2부 11장.

(스스로 인식하고 있는) 다아시의 갈등이 좀 더 명백히 드러나고 있는 반면, 엘리자베스의 갈등은 (아마도 스스로도 인식하지 못하기 때문에) 더 혼란스러운 감정들로 드러납니다. 하지만 엘리자베스의 내면적 갈등 또한 사회정치적 감정으로 구성되어 있습니다. 이 사랑 고백이 지닌 권력의 함의는 아주 잘 드러나지요. 이 '대단한 남자의 사랑'이 내포한 '엄청난 찬사'는 지극히 유혹적인 특권이니까요. 하지만 엘리자베스는 다아시가 약자에게 저지른 부당한 악행을 의식적으로 헤아리며 정의감으로 권력의 유혹을

물리치려 합니다. 이는 사회정치적 주체로서 엘리자베스가 취하는 '올바른' 입장입니다. 하지만 그녀의 마음 속에서도 '개인'의 반란이 일어납니다. 이 청혼에 자꾸만 치솟는 어떤 뜨거운 기쁨을 느끼지만 그것을 허영심 또는 연민이라 이름붙이고 증오할 이유들을 떠올려서 덮어버리거든요. 또한 엘리자베스가 다아시에게 느끼는(느껴왔던) 에로틱한 끌림을 설명해주는 결정적 단서는 사실 이 청혼을 거절하는 그녀의 언어에 또렷이 새겨져 있습니다.

> "제가 당신에게 이토록 단정적인 반감을 느끼지 않았다 해도, 아무 감정이 없었다 해도, 심지어 호감마저 느꼈다 해도, 가장 사랑하는 언니의 행복을, 어쩌면 영영 망가뜨린 그 남자의 청혼을 받아들이도록 <u>제 마음을 끌 만큼</u> 고려해볼 만한 점들이 과연 있을 거라 생각하시나요? […] 가능한 그 어떤 방식으로 청혼하셨다 해도, 당신이 <u>제 마음을 끌어</u> 수락하게 만드실 길은 단연코 없었을 거예요."
> ─『오만과 편견』, 2부 11장.

밑줄을 그은 대목의 원어는 tempt입니다. 이 말은 강렬한 메아리입니다. 그녀가 처음 다아시를 만났을 때 그가 한 말을 단 한 번도 잊은 적이 없다는 걸 우리에게, 또한 다아시에게 분명히 알려줍니다. 엘리자베스가 "신사답게 행동했더라면"이라는 말로 다아시의 가슴에 비수를 꽂을 때, 그는 이 tempt라는 말을 듣고 처음에 자기가 내뱉었던 그 말을 기억했을 겁니다. 처음 한 번으로 기억해내지 못했다면, 두 번째 반복에서는 틀림없이 기억해냈을 겁니다. 이 때문에 이 말을 번역하는 모든 역어는 통일해야 했습니다.

> She is tolerable, but not handsome enough to tempt me.
> 참아줄 만은 하군. 하지만 내 마음을 끌 만한 미모는 아니야.
> ―『오만과 편견』, 1부 3장.

다아시와 엘리자베스의 '사이'에서 언어는 너무나 중요합니다. 이 전쟁의 서막이라 할 만한, 밴터를 통해 서로 합을 겨루며 맞부딪힌 작은 결투가 1부 11장에서 벌어졌었는데요. 이 첫 번째 청혼은 2부 11장입니다. 우연일까요?

중요한 건 이 대격돌로 인해 둘 다 이전과 전혀 다른 사람이 되어버린다는 것입니다. 서로 상대의 치부를 찔러 극도의 수치심을 자극해 기존의 어떤 사회적 자아를 죽음에 이르게 하는 과정을 겪게 만들기 때문입니다. 지금과 다른, 더 나은 무엇이 되고 싶다는 강렬한 열망을 씨앗처럼 각자의 내면에 심기 때문입니다. 엘리자베스는 흡사 베드로처럼 다아시를 세 번 거절하며, 소설에서는 바로 이맘때가 부활절 무렵입니다.

타지에서 타자와의 충돌로 빚어진 상처를 통해 생성된 이 새로운 존재들은 각자의 고향으로 돌아가지만 이제 그들은 그곳이 자신의 고향이 될 수 없음을 깨닫습니다. 로징스 파크로의 여행에서 그들은 고향에서 어긋난 이질적 내면을 가진 존재가 되어버렸습니다. 둘 다 아무에게도 말할 수 없는 비밀을 갖게 됩니다. 이제 무언가 다른 것으로 성장해버린 그들은 유년기의 집에서 오히려 더 외롭습니다. 엘리자베스는 베넷 씨를 비판적으로 바라보게 되고 다아시는 미스 빙리의 허튼소리에 장단을 맞춰줄 수 없게 됩니다. 두 사람은 자기가 소속되어 있던 기존의 세계가 지닌 부조리를 '보게' 되고 불만을 품습니다. 두 사람은 기존의 세계와 소통할 수 없는, 철저히 외로운 존재가 됩니다. 따라서 그들은 오로지 둘만의 결합으로만 가능한 새로운 세계의 생성을 꿈꾸게 됩니다.

> 다른 삶의 형식, 다른 세계, 더 정의로운 세계에 대한 공동의 욕망에서 나오는 정치적 행위는 어떤 심층적 차원에서 에로스와 상관관계를 이룬다. 에로스는 정치적 저항의 에너지원

이다.

사랑은 "둘의 무대"다. 사랑은 개별자의 시점을 벗어나게 하고, 타자의 관점에서 또는 차이의 관점에서 세계를 새롭게 생성시킨다. 이로 인해 일어나는 근원적 전복의 부정성은 경험과 만남으로서의 사랑이 지니는 특징에 속한다.

— 한병철, 『에로스의 종말』(김태환 옮김, 문학과지성사, 2015), 84~85쪽.

이것이 충돌해온 타자에게서 그들이 받은 잔인한 선물, 에로스적 욕망의 근원입니다. 동질적 자아의 지옥을 깨고 새로운 세계를 생성시키는 사랑이 그들에게 아직 존재하지 않는 공동체의 가능성을 꿈꾸게 한 것입니다.

사랑하는 일: 숙독과 반추

『오만과 편견』은 역사적으로 새롭게 대두한 고유하고 외로운 주체의 에로틱한 욕망을 그려보인다는 점에서 낭만주의 시와 정서를 같이 합니다. 그러나 근대적 개인이 겪는 이 외로운 내면성의 창발을 여성 주체의 의식에 심어놓음으로써 사랑의 서사에서 남성 주체의 욕망에만 집중하는 낭만주의 시가 지닌 한계, 절대적인 외로움의 인간 조건을 넘어서게 됩니다. 소설이라는 형식으로 들어와서도 남성 주체의 사랑 이야기는 베르터나 개츠비처럼 좌절 속에서 산화하는 비극적 열망으로 이 에로틱한 욕망을 극대화하는 데서 끝나버립니다. 사랑의 대상인 여성을 자기와 같은 복잡한 의식을 지닌 주체, '사람'으로 상상하는 데 실패했기 때문입니다.

하지만 제인 오스틴은 이 에로틱한 욕망을 현실 사회에서 지속 가능한 연대의 동력으로 전환하는 모델을 제시했습니다. 사랑의 이야기가 기존의 세계를 파괴하는 데 그치지 않고 새로운 세계를 생성하는 유대의 동력이 되려면 여성이 어떤 이상을 기호화한 욕망의 대상으로만 고정되어서는 안 되고 스스로 변화하는 주체로서 이 의식적 각성의 연대에 자의로 참여해야만 하기 때문입니다. 사람에게서 기호로 향하는 일방통행의 욕망은 막다른 골목에 다다를 뿐입니다. 사람이 사람으로 사람에게 닿고자 성실하게 사랑을 수행하고자 고된 일을 불사할 결심을 할 때, 비로소 사랑은 고독의 문제를 해결하고 영혼을 충족시킵니다.

『이성과 감성』도 그렇지만 특히 『오만과 편견』의 서사적 원형은 에로스와 프시케 신화와 겹쳐집니다. 이것은 여성이 의식의 주체가 되어 사랑을 통해 성장하는 단 하나의 모델입니다. 사랑은 반드시 도망가며, 영혼은 사랑을 되찾기 위해 시험을 거쳐야 합니다. 고된 수행을 거쳐 죽음을 불사할 때 변화된 영혼끼리 영속적이고 의미 있는 결합에 다다릅니다. 어둠 속의 괴물이었던 다아시는 엘리자베스의 통렬한 힐난에 데어 고통 속에 날아가지만 편지를 통해 그의 진짜 모습을 드러냅니다. "유한한 인간이 신들을 우러러 봐야 한다는 규칙을 어기고, 슬픔 가득한 시선으로 그들을 불태울 때"까지는 고통을 몰랐던 그는 위컴과 엘리자베스의 반란을 통해 처음으로 고통의 비명을 지르게 되지요. 생경한 고통 속에서 그가 쓴 이 편지는 괴물인 줄 알았던 그의—어쩌면 고통 속에서 비로소 생겨났을지도 모를—아름다운 나신을 투명하게 드러내는 '텍스트'입니다.

여기서 나신의 투명성이란 에로스적 진실의 은유일 뿐 아니라 무엇보다 의미를 교란하는 수사의 부재를 의미합니다. 소통의 대기를 더럽히는 가짜 기표들, '공기'의 헛된 말들이 부재하는 텍스트, 의미의 본질이 꾸밈 없이 있는 그대로 빛을 밝히는 텍스트라는 뜻입니다. 이것이 다아시와 위컴의 결정적인 차이입니다. 공기의 말들과 '분위기'로 오염된 사회적 소통의 대기 속에서 다아시의 진면모는 스스로 밝히듯 '성격' 탓에 오로지 '글' 속에서만 드러내 보일 수 있기 때문이지요. 다아시는 울컥하거나 발끈하며 치솟는 충동, 통제 없이 분출하는 감정 속에서 즉자적으로 교환하는 '말' 속에서는 자기가 자기 서사의 '주인'이 될 수 없다는 사실을 편지에서 지적합니다. 이 편지는 그가 집에 돌아가서 사태를 숙고한 후 먼저 이성을 되찾고, 무엇을 밝히고 무엇을 밝히지 않아야 할지를 반추해 골라

낸 후, 판단에서 '희망과 두려움'을 배제한 다음, 비로소 자아의 주인이 되어 자아를 표현하기 위해 써내려간 텍스트입니다. 다아시의 언어는 투박할지 몰라도 자신과 타인을 불편하게 할 만한 진실을 결코 에두르거나 은폐하거나 왜곡하지 않습니다. 사실을 전하는 데 불필요한 은유나 상징도 없습니다. 진리의 빛을 발하는 글쓰기, 이는 당시 한창 부상하던 혁명적 사상 "계몽주의(the enlightenment)"가 사유한 이상적 텍스트에 가깝습니다. enlightenment는 읽기와 쓰기의 교육을 통해서 무지한 어둠에 빛을 밝힌다는 의미니까요.

다아시는 이 편지를 엘리자베스에게 건네기 위해 에로스가 그러했듯 올림푸스의 규칙을 위반합니다. 약혼하지 않은 이성끼리 편지를 사적으로 교환해서는 안 된다는 강고한 사회적 불문율을 자기 손으로 깬 것이지요. 바로 이 불문율 때문에 빙리와 제인 사이에서 속 터지는 오해가 생겨났던 것이고요. 사실 이런 유의 사회적 불문율이야말로 다아시가 이제까지 받들어왔던 가치입니다. 때문에 기존에 자신이 신봉하던 가치가 진심의 소통을 가로막는 걸림돌이 되어 자기 앞에 나타났을 때, 다아시가 거침없이 자기 손으로 깨뜨리고 장벽을 넘어서는 이 순간은, 그 내면에서 꿈틀거리던 반란의 충동이 불가역적인 혁명을 이미 일으켰다는 증거입니다. 다아시는 숲속의 길 위에서 엘리자베스를 기다립니다. 그리고 하인도 우편 배달부도 거치지 않고 숲길에서 직접 이 편지를 건넵니다. 그는 오독의 가능성과 치부를 드러내는 위험을 잘 알고 있었습니다. 이 때문에 이 편지는 엘리자베스의 도덕성과 판단력에 대한 그의 군건한 신뢰를 보여줍니다. 이것이야말로 엘리자베스가 남자에게서, 또 모든 동료 인간에게서 원하는 최상의 찬사입니다. 다아시는 자신의 '사회적' 목숨을 엘리자베스에게 무방비하게 맡기고 그녀의 "정의감"에 호소합니다. 숲에서 이 모든 일들이 일어납니다. 숲은 언제나 반체제의 꿈을 꾸는 마법의 공간이었습니다. 숲은 언제나 텍스트 혹은 도서관의 은유였습니다.

하지만 정말로 중요한 일은 에로스가 나신을 보이고 날아갔을 때가 아니라 이 숲속에 홀로 남은 프시케가 산더미처럼 쌓인 콩과 팥을 성실히 고르기 시작했을 때 시작됩니다. 이것이 엘리자베스에게 주어진 숙독(perusal)의 과제입니다. 문학사에 길이 남을 『오만과 편견』의 13장에서 엘리자베스는 다아시의 텍스트를 숙독하기 시작합니다. 텍스트와 텍스트의 행간을 해독하며 자기 힘으로 진실에 다가가는, 치열하게 읽어내는 여성 주체의 의식이 탄생합니다.

다아시 씨가 편지를 주었을 때 재차 청혼하는 내용이리라 기대하지 않았다고 하면, 엘리자베스는 편지의 내용을 미리 전혀 짐작하지 못했던 셈이지요. 그런데 편지 내용이 그러했으니 얼마나 열심히 읽었을지 짐작이 가시겠지요. 또 얼마나 상충되는 감정들이 휘몰아쳤을지도요. 편지를 읽는 동안의 그 마음은 뭐라 정의할 수가 없었답니다. 처음에는 그가 자기 마음대로 무슨 사과든 할 수 있다고 여기는 줄 알고 경악했고, 온당히 느껴야 할 수치심 탓에 진상은 숨길 수밖에 없을 텐데 자기가 할 수 있는 해명이 뭐가 있겠는가 불신을 굳혔습니다. 따라서 그가 할 만한 모든 말에 강한 편견을 가지고서, 네더필드에서 있었던 일에 관한 해명을 읽기 시작했습니다. 글을 읽긴 읽었지만, 읽는 데 급급한 마음에 그 뜻을 이해할 능력이 잘 따라오지 못했고, 다음 문장이 어떤 내용일지 알고 싶어 조바심치느라 지금 읽는 문장의 의미에 주의를 기울일 수가 없었어요. 언니가 무감정하다 믿었다는 말은, 읽자마자 거짓말이라고 단정해버렸고, 혼사에 반대한 진짜 이유, 최악의 이유들을 설명할 때는 화부터 치밀어 올라 온당하게 이해해주고 싶지도 아예 시비를 가려주고 싶지도 않았어요. 자기가 한 짓을 전혀 후회하지 않는다 밝힌 걸 보니 엘리자베스도 차라리 흡족했지요. 그 문체는 참회하긴커녕 도도한 고자세를 유지했어요. 처음부터 끝까지 자존심과 뻔뻔한 오만함으로 점철된 글이었어요.

그러나 이 주제에 이어 위컴 씨에 관한 설명이 나오고 좀 더 명료한 주의력을 기울여 사건의 전말을 읽게 되자, 엘리자베스는 통렬하게 고통스럽고 뭐라 정의하기 어려운 감정에 휩싸였습니다. 사실이라면, 위컴 씨의 인격에 관해 그간 견지해온 평가가 통째로 뒤집힐 수밖에 없었어요. 게다가 위컴 자신이 들려준 이야기와 비슷해서 오히려 더 불안했지요. 경악, 불안, 심지어 공포심마저 들어 가슴이 답답해져왔습니다. 처음부터 끝까지 다 거짓이라 믿고 싶었어요. 줄곧 "이건 거짓말이 틀림없어! 그럴 리가 없어! 이건 더럽기 짝이 없는 거짓말이야!"라고 반복해서 뇌까렸어요 — 그리고 편지 전체를 다 읽고 나서는, 마지막 한두 페이지는 아예 머릿속에 들어오지조차 않았는데도, 다급하게 편지를 덮어 치워버리고, 생각도 하지 않겠다고, 다시는 쳐다보지도 않겠다고, 내심 억지로 우겨댔습니다.

— 『오만과 편견』, 2부 13장.

이 텍스트는 무엇보다 매혹하고 사로잡습니다. 다아시는 엘리자베스에게 처음 끌림을 느끼면서 "홀렸다(bewitched)"는 표현을 쓰는데요. 엘리자베스는 내용에 대한 사전의 기대가 하나도 없이 이 텍스트의 진실에 충돌하게 되고, 처음에는 자기가 지닌 모든 기존관념과 선입견과 편견을 활용해 이 텍스트를 물리치려 하지만 실패해요. 그다음에는 다아시의 텍스트에 홀려서 다른 그 무엇도 생각할 수 없는 어지러운 상태가 되어립니다. 편지를 덮어두고 읽지 않으려 하지만, 바로 다음 문장에서 흥미롭게도 "도저히 안 되겠다(it would not do)"는 생각을 하게 되지요. 그래요, 다아시의 첫 번째 청혼에서 나왔던 바로 그 표현입니다. 억누르려 했지만 당신을 향하는 감정을 도저히 걷잡을 수가 없어요. 이것이 엘리자베스의 경우 '치열한 읽기'의 충동으로 드러난다는 건 너무나 흥미로워요.

그래서 엘리자베스는 숲을 걷다가 다시 편지를 펼치고 "죽도록 수치스러운 숙독(mortifying perusal)"을 재개합니다. 처음엔 텍스트에 홀려서 다음 문장으로 치닫는 충동에 휩쓸려 진의가 무엇인지 몰랐지만 이번에는 최소한 문장의 의미를 이해하게 됩니다. 이때부터 그녀는 '홀림'의 상태에서 빠져나와 거리를 두고 자기가 알고 있는 것들, 주의를 기울이지 않고 지나친 작은 단서들을 반추(reflection)하며, 자기 정신 속에 존재하는 자원을 모두 끌어올려 이 텍스트를 성실히 해독하기 시작합니다. 그러자 자기가 믿고 싶었던 진실은 철저히 거짓이라는 사실이,

점점, 고통스럽게 드러납니다. 반추의 거울 속에 비춰진 위컴의 영상은 오로지 허상뿐이라는 걸 알게 된 거예요. 엘리자베스는 치열한 반추를 통해 자기의 온 기억, 자기의 온 자아를 동원해 텍스트를 해독합니다. 그러자 "두 번째 숙독"의 결과는 또 딴판으로 달라집니다. 청혼에서 편지를 읽는 지점까지(11장에서 13장) 숙독이라는 표현은 무려 네 번 나옵니다. 그리고 숙독을 어쩔 수 없이 마쳐야만 했을 때 엘리자베스는, 알바트로스의 저주를 받은 늙은 수부의 이야기를 마법에 걸려 강제로 들어야 했던 결혼식 하객처럼 "더 슬프고 현명"해집니다.

두 시간 내리 그녀는 오솔길을 정처 없이 걸으며, 온갖 떠오르는 상념들에 자신을 내맡겼어요. 일어난 일들을 재고하고, 개연성을 가늠하고, 이토록 급작스럽고 이토록 중요한 변화를 힘이 닿는 한 최대한 받아들이려 애썼지요. 그러다 피로가 밀려왔고, 너무 오래 자리를 비웠다는 생각이 들어, 그녀는 마침내 집으로 돌아가기로 했습니다. 그래서 평소처럼 명랑하게 보였으면 좋겠다고 바라는 마음과 함께 사람들과 대화를 나누지 못할 정도로 깊은 생각은 하지 말자는 각오를 품고 집에 들어섰지요.
　—『오만과 편견』, 2부 13장.

우리는 알고리즘과 인공지능의 위협 앞에서 인간성을 잃지 말아야 한다는 말을 요즘 참 쉽게 합니다. 하지만 우리가 여기서 잃거나 파기하게 되는 귀한 인간성이란 무엇일까요. 인간성, 이 말은 늘, 언제나, 맥락 속에서 재정의되어야 하는 말입니다. 저는 요즘 지금 벼랑 끝에 선 인간성이란 텍스트를 읽고 쓰는 능력으로 구성된 복잡한 자아, 외로움을 불사하고 세계와 맞서 사유하고 판단해서 삶의 주인으로 설 수 있는 독자적 내면, 순간을 넘어 영원으로 손을 뻗는 열망을 지닌 주체의 품격이라는 생각을 많이 합니다. 근대가 망쳐버린 수많은 것들이 있으나 근대가 발견한 귀한 마음도 있습니다. 엘리자베스가 다아시의 편지를 읽는 치열한 마음, 그 마음이 가져다주는 지혜와 슬픔, 이것은 그 시대에는 처음 발견한 마음이었습니다. 원래 역사 속에 없었던 마음이니 얼마든지 역사 속에서 잃을 수도 있는 마음일 것입니다. 기억을 동원한 반추를 촉발하는 텍스트, 이것이 감정과 욕망에 어지럽게 흔들리는 순간적이고 즉자적인 존재로부터 한 발짝 떨어져 복잡하고 불편한 진실을 바라보게 시간을 잠시 멈춰주는 텍스트의 힘입니다. 그 힘으로 인간은 개인 내면의 삶이라는 미지의 영토에 다다랐습니다. 토니 모리슨의 표현을 빌리자면 우리가 "만화책 버전"의 자아를 넘어 "인간"이 되고자 나아가는 고된 작업, 텍스트든 사람이든 부단히 숙독하고 반추하고 재고해서 나와 타인의 가치를 "온당히" 평가하는 작업, 내게 충돌해오는 타자에게 매혹되어 새로운 무언가로 생성되는 성장, 시간을 들이고 숨을 들이고 몸을 들여 그 타자와 연결되고자, 포기하지 않고 부단하게, 성실하게 콩과 팥을 하룻밤에 가려내는 미련하고 불가능한 작업에 임하는 마음일 것입니다.

근대가 발견한 인간의 내면은 새로운 신의 모습이었습니다. 개개인의 내면에 흩어져 파편화된 신들이 그 모습을 드러내기 위해서는 거울상 같은 현실의 반영(reflection)으로 변신하는 과정이 필요했습니다. 빛나는 의미는 텍스트화되고 문학이, 예술이, 과학이, 철학이 되었습니다. 빠르게 흐르는 시간 속에서 그 순간 현실 그대로를 관찰해서는 교란하는 수많은 것들에 휩쓸려 도저히 찾아낼 수 없는 비의들이 텍스트화된 반영으로 포착되어 정지되었다가, 읽는 자들이 '숙독과 반추'를 통해 성실하게 해독하는 작업에 임할 때 바야흐로 그 모습을 드러냈습니다. 성실한 해독자를 위한 복잡한 내면의 표현이 그 무엇보다 신성한 일이라는 자부심이 고개를 들었습니다. 죽은 신의 세계에서 예술가가 신성의 봉화를 물려받았습니다. 1812년 베토벤은 괴테와 달리 귀족들에게 고개를 숙여 절하기를 거부했습니다. 하지만 사랑과 여자는 이 새로운 신성한 주권의 세계에서 대상으로 밀려났습니다. 제인 오스틴은 잘생긴 부자 남자를 만나는 환상을 꿈꾸는 '노처녀'라는 이미지에 오래오래 갇혀 있었습니다. 오로지 그만이, 여자와 남자가 다 같이, 세계와 연인과 텍스트를 치열하고 성실하게 읽어내서 드디어 서로에게 닿는 비결을 가르쳐주었는데도 말입니다.

펨벌리는 다아시의 거울상―반영(reflection)―입니다. 엘리자베스는 다아시의 초상화 앞에 서서 자기를 보며 웃어주던 그의 미소를 기억해냅니다. 예술이 기억을 되살려 진실을 보게 해주는 이 순간이, 진짜 사랑의 시작입니다. 서로 사랑하는 '일'의 시작입니다.

에필로그
읽기와 쓰기 사이, 공연 예술로서의 번역

인공지능의 대두로 무섭게 빨라진 세상의 시간에 비추어, 문학 번역은 비현실적이리만큼 느리디느린 읽기의 책무에 자발적으로 복무하는 기이한 일이 되었습니다. 아무리 긴 텍스트라도 삽시간에 무수한 언어들로 번역해 내놓는 인공지능 앞에서 더디고 취약한 사람 문학 번역가란 어떤 존재일까요. 생각해보면 '사람'도 '문학'도 '번역'도 하나같이 모호하고 유동적이라 손에 잘 잡히지 않는 말들입니다. 귀히 여기고 깊이 생각해줄 이들이 없어진다면 금세 의미를 잃을 수도 있는 말들이지요. '그래도 문학은 사람이 읽고 옮겨야 하지 않을까…' 위태로운 말들로 엄정한 질문에 답을 대신하다가, 결국 나를 포함한 모든 번역가들이 날마다 이처럼 느리고 느리게 읽고 느리고 느리게 쓸 때 정말로 무슨 일들이 벌어지는가를 구체적으로 미시적으로 살펴볼 작정을 해보았습니다. 행여 사라질지 모를 이 느린 읽기의 자리에서 무언가 중요한 사건들이 행간에서 발생한다면 기록해 붙잡아두고 싶었습니다. 또한 그 사건들을 포착해 무서운 속도로 무한히 전진하는 세상에 보고할 의무감도 함께 느꼈습니다. 매 순간 초가속화하는 지금의 세상에서는 이 느린 읽기의 자리에서 소리 없이 벌어지는 어떤 사건들의 의미가 오히려 막중해진 듯도 해서입니다.

인공지능이 문학 번역에 가져온 명백하고 파격적인 변화를 짚는다면, 축자적인 의미에서의 정합성 혹은 정확성은 이제 번역 평가의 척도로서 완전히 무가치해졌다는 것입니다. 과거에는 번역가의 능력이 평가의 도마 위에 오를 때면 늘 오역이 논란이 되곤 했지요. 그러나 이제 번역은 물론 팩트체크와 편집의 단계에서도 인공지능이 제공하는 무한한 정보의 네트워크를 이용할 수 있으니 맞고 틀림의 차원에서 오독이나 오류는 큰 문제가 될 수 없습니다. 어찌 보면 축자적 정합성의 강박으로부터 번역가도 독자도 해방된 셈입니다. 그렇다면 이제 문학 번역은 축자적 정합성을 뛰어넘어 다른 효용과 가치를 입증해 보이라는 압박 앞에 선 동시에, 바로 그 압박으로 인해 무언가 새로운 것으로 진화할 가능성을 선물받았는지도 모릅니다. 제게 이 압박은 '사람' '문학' '번역'이 무엇인가를 처음부터 다시 살피라고 말합니다.

번역은 단순하게 보면 읽고 쓰는 일입니다. 이제까지 제게 문학의 번역이란 한 치의 의심 없이 사람을 읽고 써서 다른 사람과 잇는 일이었습니다. 하나 이제 읽기와 쓰기가 사람이 사람으로서 하는 일이라는 명제가 더는 성립하지 않게 된 이상, 사람이 사람으로서 사람에게 다가서고자 읽고 쓴다는 행위의 의미는 도리어 각별합니다. 그렇다면 이 기로에서 문학 번역이 그저 사람이 사람으로 읽고 사람에게 다가서는 일로 남으려면 어떻게 해야 할까, 있던 길이 막히기 전에 없던 길까지 타진해보고 싶었습니다. 제인 오스틴이야말로 읽기와 쓰기를 통해 사람이 사람으로 다른 사람에게 다가가는 모든 길을 꾸밈없이 진솔하게 모색한 작가였으니 더할 나위 없이 마침맞았던 셈이지요. 제인 오스틴은 사람과 사랑의 작가입니다. 사랑이야말로 사람이 하는 일이라 믿는 작가지요. 사람이 사람에게 사랑을 전하는 글쓰기가 제게 번역이라면 제인 오스틴에게는 편지입니다.

그래서 제인 오스틴의 소설을 전부 번역하겠다고 마음먹은 그 순간, 저는 머릿속으로 이미 이 글들을 쓰기 시작했던 것 같습니다. 한 번역가가 사랑하는 작가의 모든 문장을 덜컹거리며 통과하는 여정에서 일어나는 마음속의 사건들을 소상히 얘기해보고 싶었거든요. 작가와 작품에 부단히 다가가려 애쓰고 끝없이 좌절하며, 길 없는 길에서만 할 수 있는 말들을 바로 그 길 위에서 전하고 싶었습니다. 눈앞에서 소실되는 것과 창생(創生)하는 것을 지켜보며 독자와 이야기를 나누고 싶었습니다. 번역할 수 있는 것뿐 아니라 번역할 수 없는 마음까지 말이지요.

사실 문학을 읽고 쓰는 번역가는 작가와 독자를 어쩔 수 없이 사랑하는 사람입니다. 앤 카슨이 말하듯 문학적 텍스트의 의미에 닿으려는 불가능한 욕구 자체가 본질적으로 에로스적인 것이기 때문입니다. 그 자체로는 어떤 교환가치도 없는 문학적 텍스트는 어차피 사람으로서 사랑을 품고 접근하지 않는다면 그저 무의미한 허튼소리일 뿐입니다. 모든 예술이 그러하듯 문학은 활자뿐 아니라 행간에서 활짝 열린, 무한한 가능성으로 존재하고, 그 가능성을 포착하려면 읽는 자의 정성—사랑—이 반드시 필요하거든요. 이때 읽는 자는 자신의 온 생애를 가지고 그저 고유한 자기 자신으로서 그 텍스트를 만날 수밖에 없습니다. 읽어낸 의미는 그 자신이라는 한계에 머물지만, 이는 또한 축복입니다. 읽는 자는 문학 텍스트를 통해서 자기 자신으로서 작가를 만나고 또한 자기 자신을 만나게 되기 때문입니다. 문학은 고유한 작가와 고유한 독자가 만나 부딪히고 변화해서 세상에 다시 없을 단 하나의 의미에 다다르는 장입니다. 오직 성실히 사랑하겠다 마음먹은 사람만 할 수 있는 일입니다.

그런데 한술 더 떠서 번역가는 이방인으로서 그 텍스트를 만나 사랑하게 되었기에, 자기가 읽은 것을 모국어의 독자들에게 또 나누고 싶다는 불가능하고도 무용한 열정에 휩싸인 자들이란 말이지요. 번역은 양방향으로 움직이고 늘 사이에 존재합니다. 작가와 독자 사이. 읽기와 쓰기 사이. 번역은 그 사이에 혼자 머물면서 양단에 사람들이 있다고 믿고 그들을 사랑하는 마음으로 머무는 시간입니다.

사람만이 번역이라는 행위를 통해 문학에 대한 사랑을 표현할 수 있습니다. 사람 번역가라서 자신이 번역하는 작품과 작가를 사랑할 수 있고, 작가와 작품의 세계를 알고자 고군분투할 수 있으며, 그렇게 얻은 앎을 사람인 당신에게 사랑하는 마음으로 건넬 수 있는 것입니다. 사람이기에 그 무수한 의미의 가능성을 느낄 수 있고 그중 표현이 가능한 여러 길을 두드려볼 수 있고, 수많은 갈림목 앞에서 이리저리 따져볼 수 있고, 결국 가지 못한 길을 아쉬워하면서도 길 없는 땅과 물 위에 뜻밖의 다리를 놓기도 합니다. 무엇보다 이 과정에서 번역가는 작가와 독자뿐 아니라 또한 자기 자신을 향한 사랑을 표현합니다. 읽는 사람일 뿐 아니라 쓰는 사람으로서, 고유한 나 자신으로 존재하고 표현하고 싶다는 분명한 욕구로 움직이고 그럴 수밖에 없기 때문입니다.

작업을 통해 고유한 나 자신을 표현하고자 한다는 이 고백은 사실 번역가로서 위험한 일이고 꽤 큰 용기가 필요했습니다. 번역가는 텍스트에 녹아 사라져야 하고 보여서는 안 된다는 신화가 오랫동안 건재했기 때문이지요. 하지만 사실 이는 불합리하고 폭압적인 면이 있는 주장입니다. 사실 번역가들은 아무리 눈에 보이지 않으려 노력해도 그럴 수가 없기 때문이에요. 저도 사라져보려고 수십 년 얽매여 머리를 싸매고 고민했는데, 도저히 사라질 수가 없더라고요! 우리가 사람이기 때문입니다. 제가 아닌 번역가는 같은 텍스트를 다르게 읽을 테고 같은 행간을 전혀 다르게 건너는 선택을 할 테고 전혀 다르게 써서 전혀 다른 의미들을 발굴해 조명할 테니까요.

제인 오스틴을 번역하는 과정에서도 쉬이 옮길 수 없는 행간에 부단히 맞닥뜨렸는데요. 그 앞에서 머뭇거리고 고민한 결과 모든 훌륭한 문학 텍스트가 그러하듯 오스틴 텍스트의 어떤 중요한 층위들 또한 축자적 해법만으로는 옮겨올 수 없다는 결론에 이르렀습니다. 그렇다면 저는 저 나름대로 행간을 건널 수단을 어떻게든 다채롭게 발명해야만 하겠지요. 하나 그래도 그 결과물은 여전히 한없이 불완전할 테고 제가 붙잡지 못한 무수한 의미와 감각들이 원전 텍스트 안에 여전히 발견되고 포착되기를 기다리며 남아 있을 겁니다. 이 또한 정말로 아름답고 희망찬 일입니다!

하나 행간을 건널 수단을 발명하는 이 과정이야말로 모든 문학 번역가가 자기만의 앎, 자기만의 이성, 자기만의 감성, 또한 자기만의 사람다움으로 풀어나가야 하는 숙제이고 제가 이 프로젝트를 통해 가시화해 드러내고자 하는 과정입니다. 이 작업이 다른 재창조의 예술과 마찬가지로 다른 누구도 아닌 오로지 고유한 '나'로서만 할 수 있는 것이라면, 인공지능의 존재는 기실 아무 문제가 아닐 터이지요. 번역가가 축자적 정합성이라는 '기능적' 역할에서 벗어나게 되면, 제가 아무리 숨어도 사라질 수 없는 사람이라는 데 연원하는 고유성이야말로 우리의 작업을 한없이 인간적으로, 또 '예술적'으로 만들어줍니다.

그렇습니다. 저는 인공지능이 번역가의 어깨에서 실용적 기능을 덜어내준 덕분에 문학 번역가가 예술가로 도약할 길이 생겨났다고 믿게 되었습니다. 문학 번역은 이제

퍼포먼스로서 존재할 수밖에 없습니다. 자기 자신으로 존재하되 타자를 표현하는 이 신비로운 과정은 이미 작곡된 음악의 연주가 어떻게 '재창조'의 예술이 될 수 있는지를 지휘자 브루노 발터가 설명한 바와 가장 흡사합니다.

> 재창조하는 음악가에게도 이렇게 대상에 대한 감정이입에서 시작해 재현에 이르는 길, 즉 배우의 경우와 비슷하게 자아를 떠나 타인에게 이르는 길이 존재한다. 우리 음악가들도 '변신'한다. […] 연주자의 '자아'와 작곡자인 '타인'의 자아 사이의 구분은 사라진다. 이런 신비롭고 음악적인 합일의 불꽃 속에서 개별화의 원리는 녹아버린다. 연주하는 나, 작품, 그 창작자가 하나가 되는 신비로운 행위보다 더 현실적인 것은 있을 수 없으며, 이 행위보다 더 확실하게 느낄 수 있는 것도 없다.
> ─브루노 발터, 『음악과 연주: 창조와 재창조에 대하여』(이기숙 옮김, 포노, 2022년), 44쪽.

악기를 연주하는 연주자나 연극 대본을 연기하는 연기자가 사라질 수 없듯이 번역가도 사라질 수가 없는 것이지요. 하지만 제가 타진하는 이 가능성은 독자들의 합의를 얻어야만 인정받을 수 있는 것이기에, 이 책과 이 번역의 기획을 통해 저는 우리가 하는 느린 읽기와 쓰기의 과정이 곧 고전음악을 연주하는 '재창조'의 과정과 같다는 걸 추상적인 명언이 아니라 실제 작업과 그 과정을 짚어 가시적으로 보여주고자 노력했습니다. 그리고 그 과정에서 지켜야 했던 충실성의 엄명 또한 브루노 발터가 훌륭하게 설명해주고 있습니다.

> 우리 마음이 어느 대목에서 작곡가가 제시한 것과 다른 음표나 리듬을 원할 때 왜 과감히 그것을 따라가면 안 될까?
> 내가 말한 연주의 자발성과 즉흥성은 이와는 다른 개념이다. […] 우리는 자유롭다고 느껴야 하지만, 그건 재창조자가 되기로 결심했을 때 그 구속력을 인정한 법칙 안에서의 자유로움이다. 음악 작품에 내재하는 법칙을 속박이라고 느낀다면 우리는 그 작품의 연주자가 되기에 적합하지 않다.
> 재창조하는 음악가가 갖추어야 할 재능의 기준은, 작품이 요구하는 것을 속박으로 여기지 않고 오히려 그것을 나의 요구로 느낄 만큼 타인의 것을 내 것으로 만드는 능력이다. 그 능력을 갖추면 창작자가 만든 법칙성 안에서 자유로움을 느끼고, 작곡가와 한마음으로 고동치는 나 자신의 마음을 따르므로 연주는 자연스러운 느낌을 준다.
>
> ─ 같은 책, 54~55쪽.

번역을 공연 예술이라고 보게 될 때, 우리는 인공지능과 번역의 대치 구도를 넘어서서 훌륭한 문학을 향유하는 새로운 관점을 얻게 됩니다. 바흐와 베토벤이 수많은 연주를 통해 영원히 부활하듯 수많은 세계문학의 번역본들이 조화롭게 공존하며 위대한 문학의 고갈되지 않는 의미들을 새로운 방식으로 끌어내고 발굴할 수 있습니다. 독자는 그 무한한 풍요로움의 결실을 누릴 수 있습니다. 그리고 번역가는 기능적 직업인보다는 창조적 예술가로서 존재할 수 있습니다. 예술은 그 자체로 보람을 주고 현실적 유용성의 압박에서 우리를 해방시켜줍니다. 무엇보다 우리가 느린 읽기와 쓰기의 자리에 오랜 시간 머물 때, 사람답게 머물며 읽고 쓸 수 있게 해줍니다.

그간 번역을 하고 편지를 쓰는 두 가지 작업을 함께 해오면서, 참 많은 걸 배웠습니다. 배우는 즐거움은 시간이 흘러도 낡지 않는, 귀한 기쁨임을 새삼 절감했지요. 무엇보다 나누는 앎의 풍요로운 보람을 새삼 실감할 수 있었습니다. 나누려는 노력 속에서 더 깊고 넓게 차오르는 공부의 힘을 알았고요. 당신이 그곳에 있어 우리가 함께, 같은 작가의 깊이와 너비를 탐구하고 있다는 연대감, 이 유대의 감각을 딛고 삶의 쓸쓸함에 맞서는 순간들이 있었습니다. 낡지 않는 기쁨, 스산한 삶에 맞서는 유대, 읽고 생각하고 사랑하는 이들의 마음에 저는 삶의 힘을 빚지고 있어요. 연루되고 연결된 당신께 깊이 감사합니다.

참고 문헌

오스틴, 제인. 『오만과 편견』. 김선형 옮김, 엘리, 2025.
____. 『이성과 감성』. 김선형 옮김, 엘리, 2025.

Austen, Jane. *Emma*. Penguin Classics, 1996.
____. *Lady Susan/The Watsons/Sanditon*. Penguin Classics, 1975.
____. *Love and Freindship and Other Youthful Writings*. Penguin Classics, 2014.
____. *Mansfield Park*. Penguin Classics, 1996.
____. *Northanger Abbey*. Penguin Classics, 1995.
____. *Persuasion*. Penguin Classics, 1998.
____. *Pride and Prejudice*. Penguin Classics, 1996.
____. *Sense and Sensibility*. Penguin Classics, 1995.

겐자부로, 오에, 오자와 세이지. 『문학과 음악이 이야기한다: 동갑내기 두 거장의 예술론·교육론』. 정희성 옮김, 포노, 2018.

고닉, 비비언. 『끝나지 않은 일』. 김선형 옮김, 글항아리, 2024.
그리스트우드, 세라. 『비타와 버지니아』. 심혜경 옮김, 뮤진트리, 2020.
나피시, 아자르. 『테헤란에서 롤리타를 읽다』. 정정호·이소영 옮김, 한숲출판사, 2003.
루소, 장자크. 『에밀』. 김중현 옮김, 한길사, 2003.
매큐언, 이언. 『속죄』. 한정아 옮김, 문학동네, 2003.
모리슨, 토니. 『빌러비드』. 최인자 옮김, 문학동네, 2014.
____. 『솔로몬의 노래』. 김선형 옮김, 문학동네, 2020.
밀턴, 존. 『실낙원 1, 2』. 조신권 옮김, 문학동네, 2010.
박완서, 「맏사위」. 『부끄러움을 가르칩니다』. 문학동네, 2013.
발터, 브루노. 『음악과 연주: 창조와 재창조에 대하여』. 이기숙 옮김, 포노, 2022.
벤야민, 발터. 『이야기꾼 에세이』. 김정아 옮김, 현대문학, 2025.
셸리, 메리. 『프랑켄슈타인』. 김선형 옮김, 문학동네, 2012.
손택, 수전. 『앨리스, 깨어나지 않는 영혼』. 이후, 2007.
솔닛, 리베카. 『멀고도 가까운: 읽기, 쓰기, 고독, 연대에 관하여』. 김현우 옮김, 반비, 2016.
솔로몬, 로버트 C. 『감정은 어떻게 내 삶을 의미 있게 바꾸는가』. 오봉희 옮김, odos, 2023.
____. 『사랑을 배울 수 있다면』. 이명호 옮김, odos, 2023.
숄레, 모나. 『사랑을 재발명하라: 가부장제는 어떻게 우리의 사랑을 망가뜨리나』. 백선희 옮김, 책세상, 2023.
애트우드, 마거릿. 『시녀 이야기』. 김선형 옮김, 황금가지, 2018.
엔스, 다이앤. 『외로움의 책』. 박아람 옮김, 책사람집, 2025.
오스먼, 리처드. 『목요일 살인 클럽』. 공보경 옮김, 살림, 2021.
울스턴크래프트, 메리. 『여성의 권리 옹호』. 문수현 옮김, 책세상,

2011.

울프, 버지니아. 「자기만의 방」. 『자기만의 방·3기니』. 이미애 옮김, 민음사, 2006.

웨그너, 대니얼, 커트 그레이. 『신과 개와 인간의 마음』. 최호영 옮김, 추수밭, 2017.

윈터슨, 지넷. 『12바이트: 인공지능은 우리가 살고 사랑하는 방식에 어떤 영향을 미칠까』. 김선형 옮김, 뮤진트리, 2022.

일루즈, 에바. 『사랑은 왜 아픈가: 사랑의 사회학』. 김희상 옮김, 돌베개, 2013.

한병철. 『에로스의 종말』. 김태환 옮김, 문학과지성사, 2015.

호메로스. 『오뒷세이아』. 천병희 옮김, 도서출판 숲, 2015.

Adkins, Roy and Lesley Adkins. *Eavesdropping on Jane Austen's England: How Our Ancestors Lived Two Centuries Ago*. Little, Brown & Co, 2013.

____. *Jane Austen's England: Daily Life in the Georgian and Revency Periods*. Penguin Books, 2013.

Amy, Helen. *The Jane Austen Files: A Complete Anthology of Letters and Family Recollections*. Amberley, 2015.

Austen-Leigh, William and Richard Arthur Austen-Leigh. *Jane Austen, Her Life and Letters: A Family Record*. Wentworth Press, 2016.

Beckett, Samuel. *Waiting for Godot*. Grove Press, 2010.

Brodey, Inger Sigrun Bredkjær. *Jane Austen & the Price of Happiness*. Johns Hopkins University Press, 2024.

Brown, Brene. *Atlas of the Heart: Mapping Meaningful Connection and the Language of Human Experience*. Random House,

2021.

Byrne, Paula. *The Genius of Jane Austen: Her Love of Theatre and Why She Works in Hollywood*. HaperCollins, 2017.

____. *The Real Jane Austen: A Life in Small Things*. HaperCollins, 2013.

Carson, Susannah (Ed). *A Truth Universally Acknowledged: 33 Great Writers on Why We Read Jane Austen*. Random House Trade Paperbacks, 2009.

Chaucer, Geoffrey. *The Canterbury Tales*. Penguin Classics, 2003.

Cohen, Rachel. *The Austen Years: A Memoir in 5 Novels*. Picador, 2020.

Dooley, Gillian. *She Played and Sang: Jane Austen and Music*. Manchester University Press, 2024.

Draxler, Bridget and Danielle Sparatt. *Engaging the Age of Jane Austen: Public Humanities in Practice*. University of Iowa Press, 2018.

Feder, Rachel. *The Darcy Myth: Jane Austen, Literary Heartthrobs, and the Monsters They Taught Us to Love*. Quirk Books, 2023.

Ford, Susan Allen. *What Jane Austen's Characters Read (and Why)*. Bloomsbury Academic, 2024.

Fordyce, James. *Sermons to Young Women*. Forgotten Books, 2018.

Greenblatt, Stephen and Adam Phillips. *Second Chances: Shakespeare And Freud*. Yale University Press, 2024.

Harman, Claire. *Jane's Fame: How Jane Austen Conquered the World*. A John Macrae Book, 2009.

Hemingway, Collins. *Jane Austen and the Creation of Modern Fiction: Six Novels in "a Style Entirely New."* McFarland &

Company, 2024.

Hughes-Hallett, Penelope. *The Illustrated Letters of Jane Austen*. Batsford, 1990.

Jenkyns, Richard. *A Fine Brush on Ivory: An Appreciation of Jane Austen*. Oxford University Press, 2004.

Johnson, Paul. *The Birth of the Modern: World Society 1815~1830*. Phoenix, 1991.

Jones, Christine Kenyon. *Jane Austen and Lord Byron: Regency Relations*. Bloomsbury Academic, 2024.

Jones, Wendy. *Jane on the Brain: Exploring the Science of Social Intelligence with Jane Austen*. Pegasus Books, 2017.

Kelly, Helena. *Jane Austen, the Scret Radical*. Alfred A. Knopf, 2017.

Keymer, Tom. *Jane Austen: A Very Shord Introduction*. Oxford University Press, 2022.

____. *Jane Austen: Writing, Society, Politics*. Oxford University Press, 2020.

Kipling, Rudyard. *Kipling on Jane Austen: Featuring the Janeites and Jane's Marriage*. The Brooligan Press, 2019.

Looser, Devoney. *The Making of Jane Austen*. Johns Hopkins University Press, 2017.

____. *Wild for Austen: A Rebellious, Subversive, and Untamed Jane*. St. Martin's Press, 2025.

Mazzeno, Laurence W. *Jane Austen: Two Centuries of Criticism*. Camden House, 2011.

Merriman, Jan. *Jane Austen's Remarkable Aunt, Philadelphia Hancock: A Girl of Genius and Feeling'*. Pen and Sword

History, 2024.

Midorikawa, Emily and Emma Claire Sweeney. *A Secret Sisterhood: The Literary Friendships of Jane Austen, Charlotte Brontë, George Eliot & Virginia Woolf*. Mariner Books, 2017.

Milne, A. A. *It's Too Late Now: The Autobiography of a Writer*. Duckworth, 2023.

Monaghan, Daved, Ariane Hudelet, and John Wiltshire. *The Cinematic Jane Austen: Essays on the Filmic Sensibility of the Novels*. McFarland & Company, 2009.

Mullan, John. *What Matters in Jane Austen?: Twenty Essential Questions Answered*. Bloomsbury Publishing, 2012.

Nafisi, Azar. *Reading Lolita in Tehran: A Memoir in Book*s. Random House 2003.

Parrill, Sue. *Jane Austen on Film and Television: A Critical Study of the Adaptations*. McFarland & Company, 2002.

Pool, Daniel. *What Jane Austen Ate and Charles Dickens Knew: From Fox Hunting to Whist—The Facts of Daily Life in 19th-Century England*. Simon & Schuster, 1993.

Ray, Joan Klingel. *Jane Austen for Dummies*. Wiley Publishing, Inc, 2006.

Richardson, Samuel. *Sir Charles Grandison*. Forgotten Books, 2018.

Roberts, Warren. *Jane Austen and The French Revolution*. The Macmillan Press, 1979.

Romney, Rebecca. *Jane Austen's Bookshelf: A Rare Book Collector's Quest to Find the Women Writers Who Shaped a Legend*. Marysue Rucci Books, 2025.

Shakespeare, William. *A Midsummer Night's Dream*. Penguin Classics, 2015.
___. *Macbeth*. Penguin Classics, 2016.
___. *Twelfth Night*. Simon & Schuster, 2004.
Shields, Carol. *Jane Austen: A Life*. Viking, 2001.
Spence, Jon. *Becoming Jane Austen: A Life*. Bloomsbury, 2003.
Stewart, Haley. *Jane Austen's Genius Guide to Life: On Love, Friendship, and Becoming the Person God Created You to Be*. Ave Maria Press, 2022.
Sutherland, Kathryn. *Jane Austen in 41 Objects*. Bodleian Library Publishing, University of Oxford, 2025.
Todd, Janet. *Living with Jane Austen*. Cambridge University Press, 2025.
Tomalin, Claire. *Jane Austen: A Life*. Vintage Books, 1997.
Williams, Molly. *Jane Austen's Garden: A Botanical Tour of the Classic Novels*. Andrews McMeel, 2025.
Wilson, Ruth. *The Jane Austen Remedy: It Is A Truth Universally Acknowledged That A Book Can Change A Lfie*. Allen & Unwin, 2022.
Worsley, Lucy. *Jane Austen at Home: A Biography*. St. Martin's Griffin, 2017.
Yaffe, Deborah. *Among the Janeites: A Journey through the World of Jane Austen Fandom*. Mariner Books, 2013.

디어 제인 오스틴 에디션을 출간하며

문학사에 이름을 새긴 작가들은 추앙받고 존경받고 경외받습니다. 하나 제인 오스틴만은 사랑을 받습니다. 물론 독자에게 사랑받는 작가들은 많습니다. 하나 제인 오스틴처럼 시공간과 언어와 매체의 모든 제약을 뛰어넘어, 전 세계의 독자들로부터, 이처럼 꺼질 줄 모르는 다정의 온기로 사랑받는 작가는 흔치 않습니다. 나아가 재미로 책을 읽는 독자들과 평생을 책 읽기에 바친 위대한 독서가들이 다 함께 애틋하게 아끼는 작가라면, 정말이지 다시 찾기 어렵습니다. 250년 전 태어나 마흔한 살에 짧은 생을 마감한 "한 숙녀", 생전에 이름도 없이 책을 펴냈던 이 소설가만은 책을 사랑하는 모든 독자의 마음속에 '디어 제인'으로 간직됩니다.

제인 오스틴 탄생 250주년을 기억하는 '디어 제인 오스틴 에디션'은 기획·번역·편집·디자인을 아울러 책을 짓고 출판하는 모든 과정에서 '세계에서 가장 사랑받는 작가'로서의 제인 오스틴을 기리고 그에 걸맞은 사랑을 담고자 합니다. '디어 제인 오스틴 에디션'은 제인 오스틴이 태어난 지 정확히 250주년이 되는 2025년 12월 16일을 기해 세상에 선을 보입니다. 그리하여 제인 오스틴이 생전에 완성한 여섯 권의 소설을 출간된 순서에 따라 매년 두 권씩 삼 년에 걸쳐 순차적으로 번역하고 각 소설을 해석하고 번역하는 과정에서 건져 올린 번역가의 단상들을 엮어 해마다 함께 펴냅니다. 2025년 12월 16일에는 제인 오스틴의 초기 소설인 『이성과 감성』과 『오만과 편견』과 이 두 작품에 관한 번역가 에세이 『디어 제인 오스틴: 젊은 소설가의 초상』이 발간됩니다. 2026년 12월 16일에는 『맨스필드 파크』와 『에마』, 또 한 권의 번역가 에세이가 발간되고 2027년 12월 16일 『노생거 애비』와 『설득』, 그리고 마지막 번역가 에세이가 발간됩니다. '디어 제인 오스틴 에디션'에 포함된 모든 책의 초판 발행일자는 제인 오스틴의 생일입니다.

제인 오스틴을 향한 꺼질 줄 모르는 사랑을 유심히 들여다보고 싶었던 이유는, 어느 시대 어느 장소에서나 자생적으로 불붙은 그 독자들의 애정에 우리가 책을 사랑하는 초심이 깃들어 있다고 믿기 때문입니다. 우리는 읽고 쓰는 사람들로서 늘 거산과 준봉을 오르고자 합니다. 하지만 거산과 준봉을 오르기 전에 우리를 텍스트의 숲으로 이끌어준 다정한 진입로 또한 분명히 있었을 것입니다. 환상의 나라 나니아로 통하는 문이 그저 옷장 속에 있었듯 말이지요. 제인 오스틴은 일상의 거실에서 문득 열리는 꿈의 통로이자 현실의 가교이고 걸어도 걸어도 새로운 풍경이 나타나는 뜻밖의 거산이고 준봉입니다. 독자의 첫사랑으로 손색이 없지만 평생 손잡고 걸어갈 반려가 될 수도 있는 작가지요. '디어 제인'을 기억하는 마음들이 책을 사랑하는 독자들 사이에 스며들기를 바랍니다.

김선형

디어 제인 오스틴: 젊은 소설가의 초상
ⓒ 김선형 2025

초판 발행 2025년 12월 16일

지은이 김선형

책임편집 허정은 ǀ **편집** 김수현
표지 디자인 상록
마케팅 이보민 손아영

펴낸곳 (주)엘리 ǀ **펴낸이** 김정순
출판등록 2019년 12월 16일 제2019-000325호
주소 04043 서울시 마포구 양화로 12길 16-9(서교동 북앤빌딩)
전화 02-3144-3123 ǀ **팩스** 02-3144-3121
전자우편 ellelit.book@gmail.com ǀ **인스타그램** @ellelit2020

ISBN 979-11-91247-65-7 03800